少林秘传绝技丛书

少林古传擒拿与点穴

邓方华　编著

人民体育出版社

图书在版编目(CIP)数据

少林古传擒拿与点穴 / 邓方华编著. -北京：人民体育出版社，2019

(少林秘传绝技丛书)

ISBN 978-7-5009-5481-1

Ⅰ. ①少… Ⅱ. ①邓… Ⅲ. ①少林武术-擒拿方法（休育）-基本知识 ②少林武术-点穴-基本知识 Ⅳ. ①G852.15

中国版本图书馆 CIP 数据核字（2018）第 265917 号

*

人民体育出版社出版发行

三河兴达印务有限公司印刷

新 华 书 店 经 销

*

880×1230 32 开本 7.5 印张 170 千字

2019 年 3 月第 1 版 2019 年 3 月第 1 次印刷

印数：1—4,000 册

*

ISBN 978-7-5009-5481-1

定价：30.00 元

社址：北京市东城区体育馆路 8 号（天坛公园东门）

电话：67151482（发行部） 邮编：100061

传真：67151483 邮购：67118491

网址：www.sportspublish.cn

丛书插图制作

（排名不分先后）

邓方华	高　翔	凌　召
潘祝超	谢静超	赵爱民
黄守献	王松峰	李贡群
高　绅	黄冠杰	黄婷婷

总 序

2017年1月25日，中共中央办公厅、国务院办公厅印发了《关于实施中华优秀传统文化传承发展工程的意见》（以下简称《意见》），并发出通知，要求各地区各部门结合实际认真贯彻落实，体现了党和政府对中华优秀传统文化的重视。

在国民教育方面，《意见》提出：加强中华优秀传统文化相关学科建设，重视保护和发展具有重要文化价值和传承意义的“绝学”、冷门学科。在保护传承文化遗产方面，《意见》提出：推动民族传统体育项目的整理研究和保护传承。

中华武术有着几千年发展的历史，是中华民族在社会实践中创造的宝贵财富，是中华文化的重要组成部分。少林武术作为中华传统武术的优秀代表，其秘传绝技与武学秘籍一直是武术爱好者竞相学习和研究的对象。目前在国家的重视下，少林武术发展形势良好，但也存在可供学习的少林武术书籍相对较少的问题，因此，需要对少林武术的相关技艺进行整理出版，使中华武术进一步发扬光大。

《少林秘传绝技丛书》应运而生。本系列丛书依据“健康第一”的教育理念和“便于传承与发展”的要求，邀请有关专家参与编写，披露了少林武术的多种秘法绝艺。先期出版的有《少林点穴绝技》《少林擒拿绝技》《少林擒跌绝技》《少林短打绝技》《少林腿法绝技》《少林古传擒拿与点穴》《少林古传技击术》《少林八段锦古传秘功》《少林易筋经古传秘功》9本，后续还会出版相关系列图书。这套丛书既可作为武术爱好者学习研究的参考用书，也可作为各级各类武术教员的教学用书。

本系列丛书注重图文并茂，避免抽象化和纯理论化，意在提高现代武术爱好者的学习兴趣；立足于理论联系实际，突出学以致用要则；力求简洁明晰，便于阅读，便于练习。当然，不足之处在所难免，欢迎读者批评指正，以利今后进一步充实与完善。

内容提要

1. 擒拿，为少林护法之秘术、镇山之绝技，其理至深，其法至巧。擒敌人而拿之，虽顽强之夫，亦可使其力无所用，拳不能行，俯首贴耳以受制于我。

2. 练习擒拿，对于“大力鹰爪功”须有相当之练习。爪功既成，然后更益以巧妙之法，两难既并，相得益彰。临敌之时，轻描淡写，一举手间，即可使强敌折服，如吹毛拾芥，不费周章。

3. 点穴所以制人者，完全在阻止人身气血之流行，使被点者失去知觉。即考周天定时之理，合气血循行之道，知某时气达何宫、血注何穴，就其穴而点之。其穴既闭，则气血因之壅积，不能流行，各体之机能完全失去，即举动亦有不能，遑论其与人争持。

4. 所谓点穴者，其所点之处，须在主穴，而非空穴（气血未至及气血已过之穴道）。若点空穴，则指头上虽有功夫，亦绝不能应手奏效。欲其奏效，唯有点在气血头上，则如照海寻珠，万无一失。

目 录

第一章

少林古传擒拿

第一节　擒拿概论

武术一道，本为我国独传之秘，其理精深，其术奥妙，举世界上之各国，实无可与之抗衡者。

最古之武功，其源流固无可稽考，大概皆从日月星辰之象、虫鱼鸟兽之形参悟而出，此姑存而不论可也。

即以武功最著之少林一派而言，自震旦初祖菩提达摩，在梁大通间从西域入中原，面壁少室九年，开创少林寺。于演说禅宗之余，出武术以授徒众，遂成为少林一派。（图1–1）

图1–1

其后，唐有昙宗禅师，宋有周侗，金元时觉远上人、白玉峰等，明季李镜源、滕黑子等，而清代则有朝元禅师、甘凤池等。以迄近时，少林弟子之以技击术名海内者，尤大有人在。究其所以能垂教千余年绵延不绝而克享盛名者，岂偶然哉！

盖少林之武功，其精深奥妙，实有足以使人惊叹钦服之处也。其武功之刚者，一举手间，可以断钢铁而透坚石。其武功之柔者，可以蜷身如絮团，刀斫斧砍而不能伤其毫发。其武功之奇者，可以空手入白刃，夺他人之兵器以为用。其武功之巧者，可以在一指点间，使人颓然若废，失去抵抗之能力。其技之神，固非片言所可尽。要之少林之武功，不止一门，而一门有一门之精义、一门有一门之独到处，固非世之以花拳绣腿炫人耳目者，所得语其万一也。

擒拿一法，亦武术中奇妙而切于实用者——擒敌人而拿之，虽顽强之夫，亦可使其力无所用，拳不能行，俯首贴耳以受制于我。其技之神，举世所称！（图1-2）

图1-2

顾其法之失传也久矣。今之言武事者，但能道其名而不能举其法；即能言其略，亦不能道其详。使此大好之武术，徒存一空名于世，不亦大可惜乎。

此擒拿法者，实为少林护法之秘术，镇山之绝技也。法传自菩提达摩，盖深究人身筋骨状态、经络之系统，以及气血循环之道路，与内腑感应之理由，分各经所依之主，按五行生克之道，变化而神明之，乃成此擒拿之妙法。其理至深，其法至巧，故非夙慧过人而根基深固之人，不能窥其堂奥也！

少林寺之于习武者，虽不论僧俗，但悉其人之品性优良、素无恶行者，始收之门下，教以各门之技术。然于护法镇山之术，亦深自珍秘，非特不轻易外传。即同属佛门弟子，非克己服礼，具有慧根而承大法者，亦不得其传焉。良以入少林习武，规约至严，此护法妙术之不可滥传，亦规约中限定者也。故此，擒拿一术，外间绝少流传。如欲于僧徒中求之，能者尚有几人？即其人能之，亦必遵戒约而不以传人。擒拿术之失传于世，其原因或在此乎。

但根究少林寺之所以视此法为护教之术，深自珍秘而不肯轻易传人者，亦非如财奴之藏金、野象之埋齿，秘其法而自私自利也。良以武术一事，正如为医，足以生人，亦足以杀人也。寻常拳法，虽不吝教人，然亦须视其人之品性行止而定其传否。品性优良之人，纵身怀绝技，亦不至挟技凌人、以肇非灾。若性情暴戾之人，如有一知半解，即急欲自见，以技炫众，甚且好勇斗狠，出手伤人。此等人物，世上尽多，既为人害，终必自肇杀身之祸。非但不可传以绝技，即寻常之法，亦不可使之得入堂奥，盖不啻加油添火也。徒子杀人，为师者虽不关涉，然技固传之于我，亦不能脱卸其责也。无论其杀人或自肇杀身之祸，要非佛家慈悲之旨。

寻常拳法尚如此，何况擒拿之术至精至巧，一着人身，立足使敌颓废而不克自振，甚且以此而促其生者乎？少林对于此法之所以郑重珍秘，不肯轻易传人者，实以此也。若有人焉，品性敦笃，和平守礼，而老诚硕望者，投入少林门下，致力于武事，而以至诚告天地，誓以武术济世拯人，而求法于主僧，亦不至固却而挥之门外也。

在昔之时，以文取士，凡优秀之人，皆趋是途。而任侠犯科，学习武事，且为世所垢病。中国文弱之风由于此，而武术精粹之失传，亦由于此。因优秀者既皆趋于读书，而学习武事，类皆乡曲之夫。虽其间不乏品性敦笃、和平守礼之人，然亦仅百之一二耳。其学武之旨，亦非所以强种强国，特以之防盗贼、御外侮耳。于是其足以传少林家法者，为数实鲜，于是不得不舍俗而求之僧侣之中矣。因僧侣皈依佛法，既净六根，而为世外之人，悟性之功深，争胜之机绝，传之以术，当可衣钵相承，而不为世人之害。此少林授徒，必分别僧、俗也。

图1–3

然少林之秘术，亦非完全不授俗家弟子者。若李镜源辈，并未剃度为僧，而亦得其精粹，此其人之守礼敦笃，而克承厥法以济世利人者也。又如戚继光身在仕途，而得少林枪棍及空手入白刃等秘术，此其人忠义有为，足以捍卫国家，为民造福者也。若尔人者，即千百学武中之一二耳，既可承绪而传之，此可见少林之未尝深秘其术，而绝于俗家弟子也。（图1–3）

擒拿一术，虽世少能者，求诸少林寺，当不至无人。即外间亦不至完全绝无一人。曩（nǎng，以往，从前，过去）居虎村，有族人曾为言其法，曾泚（cǐ）笔录其要，惜略而不详，尽述其法之所自传耳。后又遇徐君畏三于澄江，闻其系出少林之“大圣门”中，乃举以叩之，为述其法较详于族人之言，又笔录之。徐君长者，所言当不妄，兹正值国步多艰，提倡武术之时，故以公同好，愿明达有以教之。（徐畏三口述，金倜生笔记）

一、擒拿法之创始

擒拿为菩提达摩所创，为少林护教之秘法。

初达摩知中原民人尘劫甚重，乃发宏愿，将西方佛教大法宣诸中土，使明心悟性，而同登极乐之乡，拯救一切苦厄。请于佛祖，佛祖以为其事虽佳，而菩提达摩之道根未坚，恐不足以使一切众生得解妙道。而达摩坚请之，乃于梁大通间东行入中土，岁丁未，至广州，卓锡其地者累月。闻梁武帝好佛，乃复渡江至金陵，与谈佛法。梁武帝不能悟妙旨，达摩喟然辞去。忆佛祖“道根未坚，不足悟人”之语，乃至河南入少室山，趺坐岩下，面壁求道。历九年之久，始悟大法，乃就少林寺为诸僧说法。

而达摩之所欲以传人者，实为佛教三乘之法，固不及于武术也。而每于演说禅宗之际，见僧侣精神不振，身躯颓萎，听讲时甚有盹睡者！乃昭告徒众曰：“佛法虽不以躯壳为重，然不了解此性，终不能先令魂灵与躯壳相离，是欲见性，必先强身，盖躯壳强而后魂灵易悟也。果皆如诸生之志靡神昏，一入蒲团，睡魔即侵，则明性之功，俟诸何日？吾今为诸生先立一强身之术，

每日晨光曦微，同起而习之，必当日有进也。”乃创“罗汉十八手”，以教众僧。此实少林武术之始也。（图1-4）

后少室有虎患，居人苦之，达摩乃又降虎而驯之，世传之刺虎剑法，即创于此时。后又创各种武功，为镇山护教之用。始离少室而入闽，又以神力建造少林寺于福建，亦传教而去。又复西归，一苇航之。此特游戏三昧之事耳！自后，少室之少林寺，禅宗与武术，互相辉映，代有传人。而闽中之少林寺，亦克承其统绪。

图1-4

隋大业中，闽中匪乱起，少林寺遂焚于火，僧侣星散，竟至荡然。达摩闻之此事，复又航海入闽，重建少林寺，召集四方僧侣，重拾坠绪。襄其事者，罗祖与焉，乃依周天定时之理，推而及于人身。因乾坤为大天地，人身为小天地，其生克循环固无不同也，据此理而演为点穴之法。

而罗祖则更依此点穴之法而推阐之，演成擒拿之术。此法在当时盛行于闽中，所有各法皆出之轻巧，用以制敌，又无能抗

衡，故名甚著。因其善于取巧，故亦名之曰“小手”。罗祖传善可；唐代则传僧圆明及宣统；宋代则有周侗、岳飞。（图1–5）

元代则有僧泓一。而其时适觉远上人以严州贵公子披剃入少室少林寺为僧，对于武功极意整顿，凡少林之正宗，不传于本寺而散传于外者，不远千里而求之。因当时少林分支甚多，除少室之少林及闽中之少林以外，在洛阳则有同福寺、在山西则有五台、在广东则有慈恩，皆以武术著名于时，实皆为少林寺之秘传，而各擅所长者也。

图1–5

觉远上人又知少林秘传之流入俗家者亦颇不少，乃又访李蒙叟于甘肃之兰州；访白玉峰于山西之同州。李、白皆感其诚，遂同至洛阳，居于同福寺，切磋艺事，经年而同入少室，白玉峰且披剃为僧。至此，非但少林本寺之武事重振宗风，即各支派之秘传亦皆汇于少林矣。即盛行闽中之擒拿法，亦于此时归少室山本寺。其后，闽、粤、山、陕之支派，逐渐凌替，此法知者亦渐少。非觉远上人汇集之力，且或因之而失传矣。

金元以后，少林寺对擒拿法每一代传一二人，大概僧多俗少。至明代，李镜源、张松溪入少林学技，二人皆谦谦君子，居寺中者几十五年，遂得其秘。顾亦守少林戒约，不肯轻易传人，后以倭寇扰浙，松溪集乡人教之以技。盖松溪固浙人，欲立国防以御寇也，乃出空手入白刃及擒拿等法以授众。后参将戚继光，以边卒纪律荡然，不能应战，奏请另募浙人防其桑梓之患，其意良可嘉也。既得上命，乃招才技之士为一军，严加训练，以捍强寇。而张松溪之徒众，遂于其时入戚家军，出其绝技以教同人，故其时戚家军非但纪律严明，即武功亦非他军所能望其项背也。

同时苏人金皋者，亦转辗得其术。相传皋为福山人，即七总管神之一，其技又传于江常一带矣。虎村金氏本非皋后，以两地相近，故在明时金氏子之习武者皆出于皋之门下也。倭寇扰其地，皋率弟六人及村客数十辈，尽面装跷，衣神服，执锄耜之属为武器，夜出袭寇，寇惊为神，相率奔溃。如是者屡，寇不得逞。后有泄其事者，为寇所闻，空群而至，众寡不敌，金氏兄弟七人及从者数十人皆殉难。后封为神，立庙祀之。故虎村金氏子弟得其术者甚多，其后渐失传，然对于擒拿之法，犹能言其梗概也。

澄江徐畏三先生，为武术界之高手，曾五易其师，而得尽各家之长。于治伤一道，尤为特长，无论跌打损伤，一经诊治，无有不着手成春。其壮年时，北走燕赵，南游闽粤，所遇异人甚多，而伤科一门之师傅，实系直隶西河卫之冯少臣。冯本为内科名家，治伤诚为门外汉，其术云系得自一僧，而与擒拿之法同出一源者。

冯为人亢爽任侠，承祖业为医，技固绝精，年二十已名著杏林。且尝谓人曰："医以济世活人为职志，奈何计锱铢，效彼市侩所为哉。"故为人治病，不计金钱，酬之不却，不酬亦不索也。先是有一行脚僧名志远者，过某地为疯犬所噬，初固以为常犬焉，不以为意，仅裹创而行，至西河卫而毒发，颓卧破寺，跳掷叫号，日夜不息，痛苦之深，不可言喻。主僧怜之，知少臣之善医，乃舁病者，乞冯施治。既悉致病之由，先为针各穴，痛苦稍减，复留之于家，以药饵进，唯僧为犬噬，为日已多，受毒至深，经冯诊治后，痛苦虽略减，顾未能克期而愈，流连病榻者约一月，其毒始净。而经此一番痛苦之后，元气大伤，内症又作。少臣定方进药，绝无稍懈，竭其精力，历三月之久而得占勿药。志远感激涕零曰："老衲余生，皆居士之所赐。顾老衲一身之外无长物，实百思无以报大德。唯老衲来自少林，于武事颇知门径；治伤之事，亦优为之，愿尽其技以相授，而报再生之大德。"冯闻之喜，事以师礼。（图1–6）

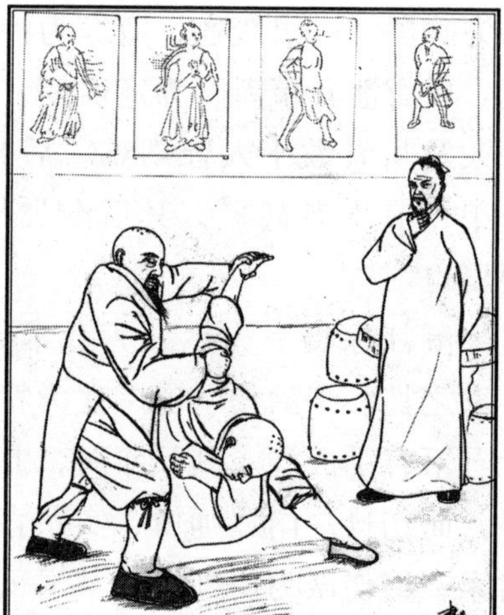

图1–6

盖冯于武术之事，亦粗知梗概者，志远留居其家者三年有奇，悉心指授。凡彼所能者，悉以传之，毫不隐秘，其中尤以点穴、擒拿等法为最精奥。于是，冯由内科名家而为伤科能手，兼成武术界之高手焉。徐畏三先生北走访名师，闻冯少臣名，登门求教。冯以其人为谦谦君子，意气相投，乃尽出志远所传于彼者，转以传诸徐先生。故徐于伤科之外，复精点穴、擒拿等法。

尝言武功一事，尽一门一家之长，固非难事，若欲兼各门而尽言，则虽尽毕生之光阴而研求之，恐亦不克尽其万一。他派姑存而不论，即如少林一派中，共有六门，各门之技术不下数十百种，如欲兼治之，恐亦不可得也。余昔者旅居澄江，徐先生年已望六，然精神饱满，犹如四十许人。暇时辄过其家，与谈少林故事及技击源流，则历举其所知以相告，滔滔不绝，如数家珍。间尝将先生之言笔而记之。余视先生为严师，先生视余亦如子弟，凡所知者，悉为述之。而点穴、擒拿二法，亦为讲述无遗。且常相戒曰："学武者尚德不尚力。此等功夫，非万不得已，不可妄用。盖一举手间，轻则足以残人肢体，重则足以致人之死命，不可以儿戏视之也。"

又据先生言，擒拿一术，少林中人本不肯轻易相授，即甘凤池之师事朝元和尚，亦仅得其八九，非冯少臣之救治志远和尚，又安得尽其秘耶。今将先生告余者汇为一编，刊以行世，亦聊尽提倡武术之意耳。为述擒拿法之源流如此。

二、擒拿之真谛

擒拿之功用，既异于拳法，又异于各种功夫。质言之，实为专借巧劲，以制敌人之法，固非徒恃拙力者所可同日而语也。盖与敌人相斗，敌之实力胜于己，欲与角力，固无取胜之理，乃使巧劲以制之。

所谓巧劲者，于自己原有之实力外，又可借敌人之实力以为己用，即借其力而制之，此所谓四两拨千斤者是也。拳术中对于使劲一事，本极重要。善于使劲者，所发之力虽不及百斤，而强敌为摧；不善使劲，虽倍于是，亦不足使敌人折服，皆在于得势与不得势耳。譬如提一物，同一重量之物，提之得势，纵行数里不觉其重；若不得其势，行未数步，即觉其沉滞矣。此理之至显者也，故巧劲可胜实力。擒拿一法，完全利用巧劲以制人，故亦名之曰小手。

擒拿于使用巧劲之外，对于人身之筋骨、经络，亦须明了。

盖人身之筋骨，固有一定，所属经络，亦丝毫不紊。而气血之流行，更有一定之途径，气在前行，血在后随，某时气过何穴、血注何经，皆有一定之程序。人之所赖以生者，气血耳，气血若有损或流行不畅，皆足使人全身受其影响，循至力无所施，肢失其用，甚或因而伤及内腑各官。擒拿法之所以必明了全身百体之情形者，正欲于气血循行上着手制人也。

其最要者，唯骨之关节及筋之位置。因人身四肢之转动，其重要之处，即为骨节，若无关节司之，直挺直如木棍，又安能转动耶？故腕之关节受束缚，则指掌失其用；肘之关节受束缚，则臂失其用，此固显然之事。不必寻求气血之所在，而即可以之制敌者也。

人身各部之筋虽大小不一，其位置自有一定，且有主从之分。如果一部以某筋为主，其筋实司该部之一切。若此筋为人所拿，而此一部分必顿时失去其主宰，不复能活动如常。

请举一例以明之，如上臂一部，鼠蹊筋实为主脑，若有以指拿住我之鼠蹊筋，则我必觉酸楚难当，全臂之力因之消失，在敌人固亦未尝用十分气力，而我已受制矣。故对于全身各主筋之位置，亦须明了，然后可以随手制人。

此外，则于穴道亦须详知。第一步以气血循行为主，如我知某时气血当行何宫，而其穴道适可用拿法者，即以指拿之，稍用气力，敌人之气血因受压而停顿，势必全身麻木，不复转动矣。但此事言之非艰，行之亦殊不易，非于人身之构造用功研求之，难望其成就也。

且此类擒拿法使劲之处，既不用拳，又不用掌，其用以制人，大多在于拇指、食指之指面。故人身三百六十五穴，非尽可拿也。譬如胸、背等处，穴道固极多，皆非可以大、食二指拿之者，因胸、背固不可用指拈取也。可拿之穴，大概在头、颈、肩、臂、腿、胫等部，总计其穴，不过数十耳。此数十穴中，除头部如耳根、太阳等主要穴道拿之可以制命外，其余诸穴，仅可使敌人感觉酸麻，失其抵抗之能力，并不能致其死命也。制敌之道，能使敌人失其抵抗之能力，于我之目的亦已达矣，固不必定欲置之死地而后已也。

固善擒拿法，恒能于敌人无意之间，运用其二指以制胜，非其力之必过于人也。要在得其势，而善于使劲耳。

此法虽名之曰擒拿，其实擒与拿要有区别，不可混为一谈。因手法各自不同，擒有擒之作用，拿有拿之作用，二法可并行而不可混杂也。

擒拿中对于捉人，本亦有成法，大概可分为阳手、阴手二种。手掌朝天，由下而上捉敌人者，是谓阳手；手掌朝地，由上向下而捉敌人者，是谓阴手。无论其为阳手或阴手，其着力之处，在于全掌，即一把统握之法也。

至于拿之一法，实非寻常拳术中所有，即以大、中、食三指之指头，互相叩合，作拈物之状，以捉敌人紧要之部分，运其功力以制人者。故擒拿之术，其重要手法，实在于拿而不在于擒。唯拿法有时亦不能单用，必借擒法以辅佐之，始克奏效也。

大概取敌人之小部分可以单用拿法，如腕脉等处是也。因此等处面积甚小，却司全臂，以三指拿之，即可成功，固不必擒法之辅助也。至若面积较大之处，如肩、肘、膝等处，皮肉较厚，气力充足，非三指单拿可以奏效，必赖擒法以助之也，此为擒拿并用之法。有时亦可双手同拿，此则须视对敌之情形而定矣。

擒拿之术，既重于拿，而拿法得力处，又在于大、中、食三指，则指头上之功夫亦大足惊人也。唯平常之人，实力虽大，用之于拳、掌则有余，若用于指头，恐亦感不足，因指端之力至有限也。擒拿虽善使巧劲之法，然不加功夫，而欲用指端有限之力以制敌，是亦不易见效也。故练习擒拿法者，对于指劲一事，亦须有相当之练习。

指功既成，然后更益以巧妙之法，两难既并，相得益彰。临敌之时，轻描淡写，一举手间，即可使强敌折服，如吹毛拾芥不费周章也。唯此法在拿住之时，其人固失其抵抗之能力，但拿手撤去之后，不久即可恢复原状，非拿要穴，不致有所伤害也。

三、擒拿与点穴之区别

擒拿之法，与点穴颇有相似之处。故在表面上观之，似无所区别，世人亦因之而相提并论，甚且有谓擒拿即点穴、点穴即擒拿者。殊不知点穴自点穴，擒拿自擒拿，传者固非一人，法道亦各有所异，岂可并为一谈。试一究二法之理由及功效，自不难知其显然有区别也。

擒拿之异于点穴者甚多，今请列举之。

点穴一法，其所以制人者，完全在阻止人身气血之流行，使被点者失去知觉。即考周天定时之理，合气血循行之道，知某时气达何宫、血注何穴。就其穴而点之，其穴既闭，则气血因之壅积，不能流行，各体之机能，完全失去，即举动亦有不能，遑论其与人争持矣。

唯其手法，非熟谙此道者不易施也。若不谙手法而施以药石，非但不足见效，或反因之加害焉。至于点法，大概以中、食二指相并，以指尖点刺之，间亦有用凿子拳擘击，然属少数耳。

故点穴一法，以穴道为主，以指功辅之。若所点者为空穴（按：所为空穴者，即气血未达，或气血已过之穴也），即不能见效，而于骨节筋肉，亦无所涉。即所练之指功，亦专重于点刺一方，如点石功等是也。点穴一法，大概如是。（图1–7、图1–8）

图1–7

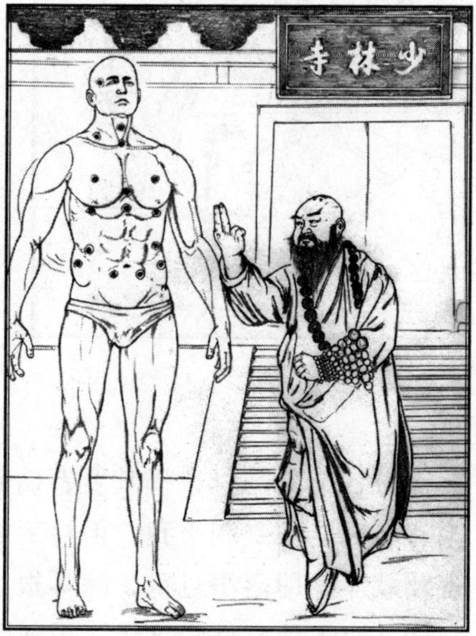

图1–8

擒拿之所以异于点穴者，固不止一端。在手法方面言之，虽亦用指劲制敌，但并不用点刺，唯用大、中、食三指相扣之力，作鹰爪攫物之状，练法则以鹰爪功为宜。至于功效，则此功以轻巧取胜；虽亦有涉及拿穴者，然其主要之部分则在筋与骨节。（图1–9、图1–10）

图1–9

图1–10

就各部之筋骨，择其要者擒而拿之，即足以使其一部分失去原有之机能而受制于我。但释手之后，不久即可恢复原状，不致害及肢体；即落手过重，除耳根、咽喉等处足以致命者外，其余肢体，决不致有性命之忧。虽或受伤，亦可以药物治之，非若点穴之必以手法施治也。

拿法中之死穴极少，盖因胸、背等部，不能以三指拿之也，两相比较，异同显然。唯擒拿之法较为轻松，似较点穴合用，以其不致举手杀人也。且制敌能使折服以足，岂必下毒手而丧其生耶。

第二节　擒拿秘法

一、擒拿须寻筋相骨

擒拿一法之制人，既重在骨之关节及筋之主从，是则对于筋骨各部之位置必先完全明了，毫不错误，始能切于实用。亦正如点穴法中之寻经认穴也。如不明于此，绝难望其应手奏效也。

寻筋相骨之事，在擒拿法中，其重要如此，然吾人欲能寻筋相骨而不误，亦非易事。若不有相当之练习，亦不能熟悉也。且练习之法虽不甚复杂，顾欲完全了解，丝毫不爽，亦非旦夕间，最少亦须费一年苦功，始克达其目的。

练习此项寻筋相骨之法，亦可分为数步。

起始之时，不妨于书本中求之。先将各筋各骨之名称熟读而谨记之，更于画图中而寻求各筋骨之部位。某筋为某部之主宰，某骨与某骨相接合，以及筋所附之前后，骨所居之正反，皆须熟知。

起始功夫完全后，更进一步，而与人盘问，或我举一筋一骨之名称为问，命人答其位置及构造状态；或命人任举一筋一骨之名称为问，而我答其位置及构造之状态。互相盘诘，遇有疑惑，则可于书本中对证之，此一步功夫，较诸死读硬记易于进步。亦正各学生之默书，较背诵为佳也。

名称部位，既熟读而谨记，与人互相盘诘，亦可完全无误，然此尤为死法，而非实验活用之道，未必能切合实际也。故又须进一步而使之实验。练习实验之法，宜取塑制骨骼一副，各骨齐全，不可稍有缺损。乃将各骨杂乱之，而使练者依据其所知之部位一一凑合之，而成为人形，毫无错误而后已。在入手之始，难免有误，习之既久，自能无误。然此种凑合，虽用手法，犹借目力之辨别骨节之为何名，而属于何部也。

更须进一步于暗中练习之，亦将骨节杂乱，练者信手取一骨，用手抚摩而断定其为何骨，当为何部，乃依其位置而安放地上。如此逐一摸去，将全身各骨，完全凑合，无一错误而后已。在初时必不能如愿以偿。盖以手抚摩，虽能知其名称部位，然终不若以目力辨之为易也。练习至此，最速亦须一年以上，凡练至能于暗中凑合全部骨节而无误，其烂熟可知矣。至于筋之部位，虽不能依上法实习，但筋附于骨，本有一定，是不难于骨之名称部位，推想而知之，是在练者之死法活用耳。若刻舟以求剑，未见其有所得也。

二、人身骨骼述要

人身之有骨骼，亦犹屋宇之有梁柱，乃用以支拄全身柔软之肌肉，而使之营种种之动作也。骨之外面，坚硬平滑，而内部则粗松，色苍白，形状至为不一，方圆长短，无所不有。盖以所居之部位不同，形态亦随之而异，所以各适其用也。

统计全身之骨，多至二百余枚，彼此联络而成人形。其种类之复杂，名称之繁多，实非片言所可尽。就大部分言之，可以区分为两类，即躯干骨与四肢骨是也。

凡头部各骨及脊梁、胸肋等骨，统称之曰躯干骨；而手足两部以及附属之骨，则统称之曰四肢骨。在此两类之中，又可区分为若干小部分，每一部之骨数，亦多少不等。有两两成对者，有独一无二者，有形似而因部位之不同异名者。

种种不一，今且不论，在此二百余枚骨骼之中，又可分为固定骨与可动骨两种。固定之骨，大概在躯干骨一类中为多。盖其位置固定，不能转动者，如头盖、肋骨等是也。可动之骨，大概在四肢骨一类中为多。盖其位置虽亦有一定，而可营造种种动作，任意屈伸，如肘、腕、膝、踝等骨是也。进一步言之，凡固定之骨，其功用实为保护内部之主要器官而生。

可动之骨，则专司外部转动之事，唯究其骨可动之理，全在乎筋肉之伸缩为动作，而两骨衔接处之关，实为骨骼转动之主要关键也。故关节者为联络两骨而兼司外部转动者也，大概可分为自佐关节、蝶番关节、车轴关节等数大类。而肩胛、臂、肘、髀骨、膝等各部关节分属之。

以上数种，实为人身最大之关节，其骨端之形状及转运之情形，亦各不同。唯两骨之相接，必分阴阳两种情态。阳为骨端之相接凸出于外，阴为骨臼凹入于内。其臼之形状虽各部不同，要皆与互相衔接之骨端形状完全吻合，而骨端之入臼，始无凿枘之弊，而得转动随意，不致有抵触之虞。关节若受损伤，则骨端离臼，必使被伤之一部失其转动之能力。此擒拿法之所以重于关节也。

在骨端与骨臼之间，必有软骨为之联络，此软骨之效用，一可以连缀两骨，使之切合；二可以防骨端与骨臼之相磨而受损害。此等软骨，其质地极为柔韧，且富有伸缩之力，又足以助骨之转动也。此骨实类乎筋，包缠于骨端、骨臼之外面而使两相切合。吾人试取兽骨之肘骨一观其状，即可了然矣。

今将各骨之形态及关节之部位择要摘录，以资参考。

（一）头骨

此骨由头盖、耳、面、鼻等骨各部所组成，集无数小骨而组合，成左右八块，因头骨等部皆为总名，每部实皆有无数小骨之组合，并非一块也。此与擒拿之法无涉，故不详述。

（二）脊骨

脊柱为吾人全身之基柱。位居躯干后部之正中，为二十四小骨所合成。上部颈椎，其数凡七；中部胸椎，其数凡十二；下部为腰椎，其数凡五。三部相合，而统名之曰脊柱骨。

（三）锁骨

此骨之位置在胸廓之上端，与胸骨及肩胛骨相衔接，因其细长弯曲而如锁形，故名。此骨于运动及一切操作功效极大，而足以辅助肩、臂之各骨也。此骨可以用拿法。

（四）胸骨

此骨之位置在躯干前部之正中，而介于肋骨之间，自上面第二肋起，而至下面第七肋止，上部之两旁，与锁骨相接。

（五）肩胛骨

此骨之位置在胸廓后部之上方，左右各一。俗称饭匙骨。其形为扁平，三面有角，而角度不等。与锁骨及上膊骨相接合，至前面而成肩胛窝，亦称肩井。此骨又似蝶骨翅形，前后皆可拿。

（六）上膊骨

此乃管状之长骨，其位置则上一端与肩胛骨相连，骨端作球状；下端则与前膊骨相接，为扁平形。骨干之上部为圆柱形，下部为三棱形，外有结节而内有细沟，左右皆可拿。

（七）桡骨

此骨为前膊骨之一部分，为三角形之管骨。上部为扁圆之柱状，末端与手骨相连处有三角关节，位于前膊骨之外侧，较尺骨为大，而与上膊及尺骨相衔接。此为拿法最易着手之处。

（八）尺骨

此骨与桡骨相合，而组成前膊骨，与上膊骨及桡骨相衔接。亦为三角形之管骨，上部强大，下部为半圆形，位于前膊骨之内侧。尺、桡二骨之中间，成一狭长之空隙，亦左右可拿。

（九）腕骨

此骨又名手根骨，其位置在前胸骨与掌骨之中间，共有舟状、半月、三角、豆骨，大小多棱，有头、有沟状等八骨组合而成。其形甚短，皆互相联合，不能单独运动，一块动则其余七块亦必随之俱动也。亦为拿法中之大关键。

（十）手骨

此骨合掌骨、指骨二部，而统称之曰手骨。掌骨位于腕骨与指骨之中间，共为五枚，称为第一掌骨。以数目为序，第一掌骨最短，而粗大异常；第二掌骨则最长，唯较第一掌骨为细；其余三指微有参差。至于指骨，位居于掌骨之前端，亦以数目为序，而称第一指骨、第二指骨也。共为十四小骨所组合而成，其中唯第一指骨为二骨，其余四指皆有三骨，合如上数。各骨相衔接处，俱有关节司转动，亦左右可拿。

（十一）盂骨

此骨居于人身躯干之下部，以形似盂盘而名，与大腿骨相衔接。男子狭小而长，女子宽大而短。此骨不可用拿，故不详述。

（十二）胸椎

此骨为扁平而略带长方形者，上部广而且厚，称手柄，自第二肋骨而下，达第七肋骨止。介于中间之胸骨部分为剑身，其下一小部分则为剑尖，幼时分三骨，及长乃合为一。其位置则于脊柱前后相对，亦不可施以擒拿者。

（十三）肋骨

此骨为环护人体之上部者，左右共十二对，上部七对，以肋软骨连接于胸骨，名曰真肋骨。其下部五对，不连于胸骨，故名为假肋骨。唯假肋骨之上部三对，虽不连于胸骨，中间就有软骨相连；其下二对，亦无连接之处，左右相对，分居胸骨之下，若肋若浮，故名浮肋。此部骨极脆弱易折，唯不适用擒拿之手法。

（十四）腰椎

此即脊椎七骨以下之总称。

（十五）薦骨

此骨位居腰椎之末，共五小骨密接构成，为永不运动之骨也。亦脆弱易损，但不适用擒拿法。

（十六）髀臼

此为骨之凹陷，关节相连处。髋骨之位置本居于骨盘之两侧，而以髀臼，即在髋骨之外侧，其陷甚深，而呈圆臼状。即容留大腿骨上端之处也。髀臼与大腿骨上端相接合，连缀以软骨，而成为大腿关节。此一关节亦为人身最重要之部分，与上部之肩胛骨功效相同，唯外部筋肉较厚，以司全腿之动作，此部可用擒拿法制之。

（十七）大腿骨

此骨之位置在髋骨外侧之下部，上端衔接于髀臼，而下端则连接于膝盖骨及胫骨者。此骨在人身之管状骨中，最为巨大。上端与髋骨相接之处，其状如圆球；其中部则略作三棱形；其在下之一端，则有突出之圆形，盖以连接于膝盖骨，其一则与胫骨相衔接也。此骨之关节处在擒拿法中极为重要，在上部则有前膊骨，在下部则有大腿骨也。

（十八）膝盖骨

此骨之位置，适当大腿骨下端之正中，即与其靠前面突出之圆形相衔接，膝盖骨之下面，则与胫骨相连属，故实介于大腿骨及胫骨之中间，唯位居前方，不啻为两骨前面接合处之掩盖器具，故名曰膝盖也。此一关节，实司腿、胫两部分之活动，在擒拿法中所占之地位亦甚重要。

（十九）腓骨

此骨之位置在下腿之外侧，与胫骨并行。唯在上之一端，不直接于大腿骨及膝盖骨，而靠着于胫骨上端与大腿骨相连之外踝下侧；而在下之一端，则突出于胫骨下外踝之下，而与距骨相接合，上部略方，中略成三角形，而下端则成平扁三角形。此骨为辅助胫骨以支拄下腿一部而作种种活动者，在擒拿法中，亦甚重要。

（二十）胫骨

此骨之位置在下腿之内侧，与腓骨并行。其在上之一端，紧接于大腿骨之下端，而前面则与膝盖骨相连属。此骨亦成管状，而较腓骨为粗大，上端作扁平三角形，较全骨更大，中部作圆柱状。而下端与距骨相接处，则略成方形。二骨之中间，亦有狭长之空隙，最宜于拿法。

（二十一）跗骨

此骨亦称足跟骨，其位置在胫骨与腓骨之下方，为距骨、舟壮骨、楔状骨、骰子骨等七块小骨互相连缀接合组成足跟，而与下腿骨之下端各部相衔接。下面则接跖骨。故此骨实介于下腿及跖骨之中间，与上部之腕相似，唯衔接之形状稍异耳。此骨之关节最脆弱，稍受震击，即易损害或脱臼，其所占地位又小，故最合于拿法，即单拿亦足制人矣。

（二十二）跖趾骨

跖骨之位置，实居于跗骨趾骨之中间，其后端则接连于跗骨，其前端则与趾骨相衔接。数共五枚，亦以数目为次序，称第一跖骨、第二跖骨也。此骨为圆柱形，第一跖骨最短，第二跖骨最长。趾骨亦冠数目为名，共为十四枚。唯第一趾（即大趾）骨为二节，其余四趾，则各为三节，此为骨中之最小部分，虽亦有不少关节，即拿之亦不使奏大效也。

三、人身筋络述要

吾人身体各部转动，虽赖乎骨干之力量与关节之灵巧，而使各部转动如意，无所捍隔。殊不知骨干之运动，非骨干之自动，全赖乎人体各部筋络之伸缩，而骨干始感应随之而营种种动作。故骨干者，实司支拄全身柔软筋络之职；而筋络者，实司运动各部骨干之道，其开合屈伸，则关节司之矣。三者可相合而不可相离者也，合则互相为用，各极其妙，分则各失其效，无一可用。且骨干之连接，虽有关节从中为之凑合，若无筋络包被于外，使之坚牢稳固，恐纵有关节，亦不能禁其易于脱离也，况其运行之道，犹在于筋络乎。

究筋络能运行骨干之理，亦甚明显易解，盖在弛、张二字中也。筋络松弛，则为静止之时；筋络紧张，则为运动之时。一弛一张，即一静一动，吾人试以手握拳，则非但掌部之筋络现紧张之象，即臂部以上之筋络，亦必受其感应而突起暴露也。若握拳而欲使掌、臂等部之肌肉松弛，世间恐无其人。反之，若在筋络松弛之时，而欲运动其骨干，恐亦如自坐于凳，而欲并其凳而拔起之，纵费心机，必难如愿也。

此理至显，不难索解，筋络于人身之功效既如此，是我人对筋络宜如何宝贵而维护之。盖何处筋络稍受伤损，即失其效力，不复能运行其所属部分之骨干矣，其关系讵岂不大哉。擒拿一法注重于筋络骨节，其意本在此也。

良以筋络为柔软之物，最易受损，而骨干之运行，又全仗其弛张之力。故每于此等易损之处而制人也。筋之总数，较骨骼为尤多，约共五百二十余条，其形状之复杂与功效之各别，实非片言所可尽。

有两两相对者，有独一无偶者，有细如游丝、合组成一者；有长至数尺而上下相连，纵列横缠，斜缘歧出，其形式既有所不同，而部位亦各自相异。质言之，其所以不同者，正因各部之活动态状固无一定，于是不得不求其适合活动之情形而异其状矣。

筋络与擒拿既有深切之关系，凡学习擒拿法之人，于筋之形状位置及所专司之部分等事，固不容不有相当之研究，熟悉之后，始可望着手见效，不致受制于人，且遇有筋蜷、臼脱等意外之事，亦可以依其状态部位而加以医治，不致瞠目结舌相视，缚手无策。

若将全身之筋络一一举其名，颇觉累赘，兹将合于擒拿法而可以制人之主要筋络摘录于下，以兹参考。

（一）笑筋

此筋属于面部之一，口骨之两侧，各为三筋，专司口角之运动。此三者之中，有一枚专表示笑态者，即笑筋。按凡筋之在颜面者，除为联络各部，大概皆表示喜怒哀乐者也。擒拿法中，除背筋、胸筋等部不能以拿法取之，以外各筋大约皆可拿取，唯其功效之大小，则须视所拿之筋是否重要而定之。即如此笑筋，唯主颜面一部分，在全身并不关涉，虽可拿取，其效力实无几许，然在顺手时拿之，亦足使人猝不及备，而受制于一时也。

（二）耳筋

耳轮诸筋，其状极细小，而能力亦最微弱，竟不能自营运动。唯畜类中，其耳大而能自动者甚多，如兔、犬、马、骡等，皆巨大而能自动，人则完全不能，此指耳轮部分而言。至于近耳处之各筋，如僧帽筋、耳后筋、嘴筋等，则与脑部有极大之关系，在人身各筋中，亦占重要地位，不若耳轮筋之细弱也。在擒拿法中，耳轮筋完全无关，而耳后筋等，如被拿用力过重，非但可以制人，且足以昏晕，甚或废命也。

（三）屈筋

人身四肢之所以能运用自如，而营种种操作者，端赖乎骨骼之支拄，筋络之伸缩，与夫关节之灵妙也。所谓屈筋者，在其中尤为重要。此种筋络，各关节处皆有之，固不限于部分也。虽以所居之位置不同而异其支名，然可统称之曰屈筋。其位置皆在四肢各关节之内侧，此筋如伸张，四肢即直，此筋如收缩，四肢即屈，其功效之大如此。若屈筋被拿，必猛力收缩，则被拿之一部，必因之屈而不伸，而失其运动之能力，受制于我矣。故屈筋不论其所居地位若何，在擒拿法中，原为最重要之部分，是宜特加注意者也。

（四）伸筋

此伸筋与上述之屈筋，其部位功效，适完全相反，而在四肢之关节间，实同占重要之地位，而不容忽视者。此筋在四肢关节处，不论何部皆有之，支名亦各不同，以其司四肢之伸直，故可统名之曰伸筋。其部位皆居于各关节之外侧。此筋伸张，四肢即屈；此筋收缩，四肢即直。其功效与屈筋同，若伸筋被拿，必猛力收缩，则被拿之一部分，亦必因之直而不屈，势不能任意伸缩，其抵抗之力，随之消失，而受我之制。不论在何种关节处，皆可拿之。擒拿法中，亦为重要之部分也。

（五）筋腹

人身各筋，大概皆可为首、腹、尾三部。筋腹质地极为柔软，而色泽光滑，有如绸绢，坚韧异常，其形状则种种不一，或细而长者，或粗而短者，或薄而扁平者。其异形之故，要皆由于部位之不同耳，唯筋腹之功用，则完全相同。筋络之附着于骨干，或筋络与筋络之接合，全赖筋腹之力，为之互相牵引。此等筋腹，吾人能于猪羊肉中见之，试取有骨之肉类食之，其肉与骨衔接之处，中间必有一筋以连缀之，此即筋腹是也。即以猪肉而论，非煮至极烂之时，则肉与骨必不易使之分离，此即筋腹之功效也。故在擒拿法中，亦极重要。

（六）筋尾

筋首与筋尾，形状不同，然其功效，则非若筋腹之以联络骨与肌肉，或联络肌肉与肌肉，而使之互相吻合，纯以包覆骨头，使外面不易损伤之要件也。首尾之功用形态虽异乎筋腹，然其保护骨干，使不受外面之侵害，而维持其活动之能力则一也。要之人身各器官，各有其妙用，而不可或缺，此一部在擒拿法中亦极重要。

（七）筋膜

筋膜一物，是为连接二筋或数筋之要具也。如有数枚筋肉而汇聚接合，成为一束；若中间无一物以间隔之，则日久之后，且并合为一而不可分离矣。故在众筋接合之中间，必有筋膜以隔之。其膜色白而极薄，试以牛羊等肉剖验之，见有小筋头数枚，杂于一处，而下端相连者，顺其肌理，用手撕之，其筋必能逐一分开，而白色之薄膜，亦可于此时而发现矣。此种筋膜，在身体上固然亦占重要位置而不可缺少，然在擒拿一法之中则无甚关系，盖此膜既薄而不易寻求，即伤之亦不至害及大体也。

（八）腓肠筋

此腓肠筋为擒拿法之重要筋络，亦为膝部之主要筋。膝关节之构造，固与别种骨干不同，而专司大小腿之活动。此腓肠筋即为膝关节中之主筋，而使大腿骨与膝骨、胫骨相连合。其位置居于膝部之外侧者，称为外腓肠筋；而在膝部上面之居中者，则称为中腓肠筋。凡腿胫等之一切活动，皆赖此筋以司之。若此筋受伤，则下部完全失去其原有之能力，甚至不能直立与步履。此筋并不巨大，故最易拿取而制人也。

四、拿穴述要

擒拿与点穴之不同，前已详论之矣。人身穴道，共有三百六十有奇。在点穴法中，按照气血流行之途径，依时点穴，可使气血闭塞，全身失其机能。

唯点穴完全注重穴道，而擒拿一法，则以穴道为辅，因全身无数穴道中，可用拿法者甚少。依少林拿穴谱，只有二十四穴可拿。而此二十四穴，拿时是否可必其不为空穴，尚在不可知之数。且擒拿以施用巧劲取胜，即不必定拿穴道，已足胜人，亦不必一定取穴道也。唯在可拿之二十四穴中，而默忖其气血之头，循行至何处，如适当穴道，亦不妨拿而制之。若各穴俱空，是宜另用手法以拿别处，不必多此一举矣。唯拿在实穴，闭住气血之后，必用手法救治之，始可复原。故学擒拿者，穴道一事虽不必尽知，然对于此可拿之二十四穴，却不可完全不知。宁备而不用，不可以其不常用而不备也。

此可拿之二十四穴中，亦有晕穴、死穴之分。但其中死穴甚少，盖其穴除在颈项等处之几个足以制命者外，其余之穴，大概皆在四肢各部。此等所在之可以制人死命者，为数实不多也。至于晕穴，即使被拿，亦不过昏晕而失其抵抗之能力，久久不治，虽亦足以影响内部而害及全身，而成麻痹、疯癫等症。若即早依法治之，或施以手法，或进以药饵，亦可立刻恢复其原状。盖其在被拿之时，穴门被闭，致气血不能循其原路向前运行，故而昏晕，若以手法将所闭之穴开启之，则气血之循行既复旧观，则全身自无复隔阂矣。

唯有一事，为手法所不及而必赖于药石者，即穴闭过久是也。所拿之穴，虽不足以致死，以久闭之故，去其应到之部位太远，即将穴开启，而气血之头已不能急泻直下，而达其应到之处，势必因此而违逆其周天定时运行之理。譬如子时气血应至何宫者，今乃闭之，至寅卯时而启之，气血即能运行，但其运行之道，尚在子丑相交之部分，而决不能达到寅卯时应到之宫，如是其理已逆，为害至大，偶不注意，必有残废之虞。是则于手法之外，更宜用药物以进之，使调和气血，以复其运行自然之理，不至残及肢体也。

擒拿法虽不以穴道为重，然有时亦不能完全不拿穴，故于此等事，亦应加以注意，否则但能制人，而不能医人。一拿之后，敌固失其抵抗，我若更欲使之复苏，势必束手无策矣。

兹将拿穴法中二十四穴，述之于下。

（一）太阳穴

此穴在前额之两侧，左为太阳，右为太阴。今人统称之曰太阳穴。为头部之要穴，在二十四拿穴中为死穴，拿之极轻，亦足使人昏晕；稍重则可克期取命，若落手太重，必立即致死。

（二）天容穴

此穴在两耳之后面，与耳棱平行，在风翳穴之外侧，天窗穴之上面。为头部后面之要穴，在二十四拿穴中亦为死穴。

（三）风府穴

此穴在后脑下部之中央，居脑户之下，哑门穴之上，而与左右风翳穴平行，为单穴。亦后脑之重要部分，而为拿穴中之死穴。此穴被拿，非但立刻昏晕，且肢体发痉，无可救治。

（四）天柱穴

此穴在哑门穴之两旁，而居于左右玉枕穴之下面，左右各一。虽不若上述各穴之触手制人命，然在二十四穴中，亦系死穴之一。若被拿住，轻则立晕；若落手稍重，亦必致死也。

（五）廉泉穴

此穴在颈项之前面，位居正中，而适当承浆穴之下方，天突穴之上部，即喉之中部。在颈项上占重要之地位，而拿穴中亦为死穴之一。若此穴被拿，即落手稍轻，亦足以使人即刻气闭而死。

（六）肩井穴

此穴在肩尖之内侧，即肩胛骨与锁骨之间，陷下之宛宛中，故亦名为肩窝。位居肩冲穴之斜下方，而在天鼎穴之外侧，亦左右各一。此穴虽非死穴，然一被拿住，则全身即软绵无力，神志虽极清醒，而肢体却不能转动矣，在晕穴亦为大穴。

（七）巨骨穴

此穴在肩井穴之外侧，而介于肩颙、缺盆之间。亦左右各一，即肩骨与上臂骨相衔接之处，而肩尖之中央也。在二十四拿穴中，亦为晕穴之一，唯略逊于肩井。

（八）臂臑穴

此穴在巨骨穴之下面，上臂上部之中央，而介于臑会穴、天泉穴之间，为上臂上要穴。亦左右各一，在点穴法中，归入麻穴。此则除死穴外概称之曰晕穴，若被拿，则酸麻而倒。

（九）五里穴

此穴在臂臑穴之下面，而居肘宛之上侧，亦为上臂部分紧要之处，左右各一。拿之亦足使人失其转运之能力。

（十）曲池穴

此穴在肘关节处，即上臂骨与前臂骨接合之中间。位居前面之外侧，在肘窝之下，三里穴之上，亦为臂部重要之部位。而在二十四拿穴之中，虽不致命，其晕力亦甚大也。

（十一）少海穴

此穴之部位，与曲池适相反，盖彼在肘关节之外侧，此则在肘关节之内侧也。在大小臂骨接合，将臂垂直，其内侧必有一陷下之窝，而少海穴即在此窝之中部，左右各一。其在拿穴中所占地位，亦甚重要。

（十二）曲泽穴

此穴在前臂之上部，位当臂之前面，与后面之四渎穴遥遥相对，在尺泽之下面，而介乎少海穴三里穴之间。在拿穴中亦为晕穴，唯拿时可与四渎穴同拿，虽非一经，亦易见效也。

（十三）阳池穴

此穴在腕与前臂骨相接之处，居于手之背面，在虎口之后上，掌背之内侧。上为偏历，下为合谷穴。其穴左右各一，在腕臂之间，亦占重要地位，拿穴亦为晕穴之一，其功效不亚于曲池也。

（十四）阳谷穴

此穴亦在腕与前臂骨相接之处，手之背面，唯部位则与阳池穴相反，彼居于掌背之内侧，此居于掌背之外侧。两穴相并，并不参差，其地位之重要亦相似，晕穴中甚重视也。

（十五）脉腕穴

此穴在腕之前面，腕关节上部之前臂处，靠近拇指一方面，即尺、桡二骨接合中之陷凹也。俗称为脉门，即医生诊病时把脉处之中央。此穴实人身之总枢，腕部之重地。若被拿住，非但易于晕倒，设用力过猛，或历时过久，皆足以致人之死命，故在拿穴中亦为死穴。

（十六）期门穴

胸部诸穴，虽星罗棋布，然可拿者甚少，期门穴亦在其一也。此穴在乳旁略下之处，左右各一，在将台之外侧斜下方，而居于肋骨之缝中。若被拿住，轻则昏晕倒地，重则致命，无可救治。

（十七）章门穴

此穴之位置在期门穴之下方，前腰之上部，适当肋骨尽处，即浮肋骨末支之下，与后面之精促穴遥遥相对，亦分左右章门。其部位不同故也。此穴在二十四拿穴之中亦为死穴之一。若被拿住，运力稍轻者犹不至即死；若用力过分，立刻废命，不可救治。

（十八）凤尾穴

此穴在人体之背面，当精促穴之上方，而在背部之外侧，左右各一，与期门穴前后遥遥相对，而居于后肋骨之骨缝中，与脊心穴平行。此为晕穴中之大者，如被点或拿，时辰不误，则被拿者一经着指，即气逆血闭，顿时晕倒；如点拿过重，或历时过久，亦足以害及内腑。

（十九）精促穴

此穴位居于凤尾穴之下正方，而在后腰之上，即后肋骨下面尽头之处，亦左右各一。而居背部之两外侧，部位与凤尾穴相同，特上下尺寸有异耳。此为死穴中之小者，若被拿尚轻，亦止昏晕，施以手法，不难挽救；若被拿过重，则当时亦不致马上即死，但可限期取命，然尚可用药石救治也。

（二十）白海穴

此穴不在躯干部分，而在大腿之内侧，与外侧之环跳穴遥遥相对，亦左右各一。在腿部实占重要位置，而为极大之晕穴。唯腿部肌肉极厚，最不易拿，非用极大力量，不足以见效也。

（二十一）委中穴

此穴在腿之背面，而居于膝盖骨之正后方，即大腿骨与胫骨接合之处，即膝弯凹陷之中央，在大小关节之部分。在拿穴中亦为晕穴。唯其处肌肉薄弱，较之诸白海穴易于施用手法，只须时候准确，不必多用气力，即可使人晕去。

（二十二）筑宾穴

筑宾一穴，位于小腿部分，居于内侧，适当腓骨与胫骨上端之中间，在交信穴之上部。此处肌肉饱满而突出，俗称为“黄鱼肚皮”者是也。在二十四拿穴中，亦为晕穴之一。唯其肌肉虽不及白海之厚，而较诸委中穴则较厚数倍。故欲拿此穴，落手宜乎稍重，轻则不易见效。

（二十三）公孙穴

此穴在足部，即踝骨与胫骨接合处之凹陷中，而居于踝骨内侧之下方，位于大钟穴之后面，左右各一。此穴为足部之要穴，亦主昏晕，如被人拿住此穴，即腰酸骨软，不能自持矣。

（二十四）涌泉穴

此穴在足底部分，位居正中央，与足背之陷谷穴遥遥相对。此穴亦为人身各穴之总枢，最易受伤，若然被拿，落手轻者，亦能限期取命；若落手过重，则立刻身死。任尔手法药石，要皆无可救治，故为最大之死穴。

以上所举二十四穴，死、晕皆有，然非在万不得已时，慎勿轻拿死穴也。

五、擒法述要

擒与拿之为二法，前已详论之矣。若言擒法之功能，仅足以辅助拿法之不足，实不能即用擒法以制敌决胜也。在表面上观之，似其重要不及拿法，然有时拿法亦不能单独制人，必藉擒法之辅佐，故擒之与拿，可相合而不可相离。唯拿法有时可以单用，而擒法则完全不能单用，为稍异耳。

擒与拿必为两手互用者。如以左手擒人，则拿人者必为右手；如用右手擒人，则拿人者必为左手。此一定之手法也。

擒之手法略可分为两种，即正擒、反擒是也。如：敌人用拳击我迎面，以寻常拳术中之手法而言，非架即格。但我亦可以让过其拳，手由下上举而握住其臂（此握法，必虎口向内者），然后再用拿法制之，此为反擒。如：敌人举足踢我肚腹，在寻常拳法，非挑即斫以御敌。但我亦可以举手握其胫，更以拿法制之（此握法，必虎口向外者），此则为正擒。

擒法并不须用多少气力，但以能接住敌人之手足，使暂时不能脱去，即为已足。盖一方擒，一方拿，不转瞬间而敌人已受制于我矣。擒法有时亦及于躯干部分者，但甚少见耳，可于各部擒拿法中求之。

六、拿法述要

拿法专以制敌决胜者，用时固不若擒法之简便，不论如何接握，皆无妨碍，但视其擒时之便利而定也。

若拿法者，其主旨既在制人，势必择敌人易于受制之处而拿之。若拿在不紧要处，即失去擒拿之本意，而不能应手奏效矣。

其拿法中最重要者，厥唯筋络、关节、穴道三事，盖非此不足以制人也。三者之中，以关节为最易，因各部关节多显于外，易于摸正也。若筋络者，则隐于皮肉之内，非有相当经验者，不易应手而得，故较关节为难寻。至若穴道，虽有定所，顾繁复异常，而其所占之部位尤极小，若非用过苦功、经验宏富者，不易寻得也。

拿法固亦有正拿、反拿，唯无论其为正为反，其用力之处，则完全在拇、中、食三指，并不用掌、拳之力，有时且单用拇、食二指。凡虎口向外，拇指在阴面以拿人者，谓之正拿；虎口向内，拇指在阳面拿人，谓之反拿。

有一手擒而一手拿者，有双手同时并拿者，有单用一手拿，而并不须擒法者，是则在乎审时度势而用之。用何种手法为合宜，即用何种手法，切忌固执而不化，盖无论何事，皆贵乎实用也。

七、耳根之拿法

头部可拿之处甚少，且不拿则已，拿必致命。盖头为人身之主宰，生命之中枢也。耳根有穴曰天容，若被拿立刻致死。即不拿正穴道，用力过甚，亦足以克期取命也。故习此者，对于头部各处，多不肯轻易下手，恐防失手杀人也，戒之，戒之。

至其拿法，却用单拿，并不用擒法为助。

如与敌人对面而立，我欲拿其左耳根，则可以用左手叉住其下颌，而以大拇指按于敌人左耳之后面凹陷中，运力拿之。如对立而欲拿其右耳根者，则用右手如法拿之。（图1-11、图1-12）

图1-11

图1-12

如敌人背我而立，我欲拿其右耳根者，则用左手叉住其后颈，以大拇指按于敌人右耳之后面凹陷中，运力拿之。如背立而欲拿左耳根者，即易右手依法行之可也。

但无论其正立背立，拿左拿右，不被拿则已，如被拿住，轻则头目昏眩，晕倒于地；重则立即毙命，无药可救。盖以耳筋通达于脑府，相距又极近，故其效之速，较诸躯干各部为尤也。若拿在天容穴上，而气血之头，又适达是宫，即拿之甚轻，亦不可滥用，良以杀人即以自杀也。

八、太阳之拿法

左右两太阳穴，位居前额之两侧，其在头部地位之重要，不亚于耳根。盖耳根虽通连脑部，然犹仗筋络传达其力；若太阳穴则直接于前脑，其间仅头骨之缝隙稍有阻阂耳。因此穴实居前额骨之翼缝中也，故稍用气力，即足使脑部直接受其影响，而致晕或死也。

唯拿此穴较耳根为难，以前额较阔，颇不易着手，且只能在前面拿，而不能从后面拿。前面拿则敌人易于看见，而先事预防或闪避也，其法亦用单拿，而不必擒手为助。

如敌人与我相对而立，我欲拿其太阳穴者，即可撑开右手之虎口，乘其不备，突出以拷其额，大拇指按住其右太阳穴，中、食二指按住其左太阳穴，两面使力拢入。（图1–13）

图1-13

如敌人之位置适偏于我左方，用右手则多一周折，即可发左手拷其额，而以大拇指按其左太阳穴，中、食二指按其右太阳穴，用力拢入，较用右手为便捷。

此等重要之处，不被拿则已，一被拿着，纵拿者用力极轻，被拿者亦必不能自持而顿时昏晕，失其知觉；若用力稍重，伤及内部，必立时殒命，固不必待气血流注其穴而始不可救也，切戒滥用。

九、前颈之拿法

前颈者，指颈项前面之半边而言，即颈椎骨之前部也。此处完全为软当，并无骨骼之支拄，皆系皮肉与筋络所组合而成，其内部则气管与食管在焉，亦为极重要之部分。

盖人之所以恃以生者，全在乎呼吸与饮食，呼吸必恃气管，饮食则全恃食管。若气管受伤，则呼吸即被阻止；食管受伤，则饮食由而进，皆足以使人促其生命者。故前颈一部亦非常重要，在擒拿法中，亦为致命之处。

然拿法亦可分数种，如拿喉结者，必死无疑；若拿前颈筋，或拿靠后面耳下之处，尚不至致命也，亦宜于单拿法。

如敌人与我对立，而以发右手为宜者，即用右手叉其颈，虎口应在敌人喉结之上。若叉喉结，即易致死，而以大拇指按其右前颈筋，中、食二指按住其左前颈筋，用力拿之。若宜用左手，则反此而行。（图1–14）

图1–14

若敌人背我而立，必自后拿之，可依从后拿耳根之法（法参看上）。

若此处被拿，虽不致死，但亦极易昏晕，因前颈之筋固亦上达脑际，且纵未扼其气、食二管，势亦受到压迫，使气不能舒。若拿喉管，手法相同，但手指之部位略有移动耳，是为杀手，不可轻用。

十、后颈之拿法

后颈部分所赖以支拄全颈者，厥唯七块颈椎骨而已。此骨之位置，在颈部后面之正中，皆系盘珠形之小圆骨接合而成，故俗名算盘珠，以其形似也。骨之上部与后头骨相接，而下面则联络十二胸椎骨，故颈椎一骨，在上部亦占极重要之地位。其两旁则各有斜纹扁阔之颈筋，上端与耳后筋等相联络，颈椎之骨不甚坚牢，而其内侧之筋上通后脑，若伤及此，必死无疑。

其拿法亦与拿前颈相似，只用单拿，又可在此分出死与晕二种。平常拿后颈者，多拿其斜纹阔筋，此种手法，唯敌人背对我而立者可用，若对立则不通用矣。

如敌人背我而立，我欲拿其后颈者，视其所居之地位，而定我用手之左右，如合用右手，即发右手以大、中、食三指搭住其颈椎左右之阔筋，运力拿之。合用左手，即发左手依法拿之可也。（图1–15）

图1–15

此颈在脑后陷窝之旁，若被拿住，轻则昏晕，重则伤及内部，易成疯狂、脑漏等病。此等有关生命出入之处，落手务稍轻松。若拿颈椎，其效相同，唯落手过重，往往可使颈椎脱节而致死。因肢体之骨可接，此骨则不可接，亦如截断屋柱，其屋鲜有不全部塌倒者也，慎之慎之。

十一、前肩之拿法

肩井为两臂联络躯干之重要关键，扁肩胛骨与锁骨相接处之中间，有一凹陷如臼状者，即为肩井，亦称肩窝。其窝之正中，即为肩井穴，在人体各穴中亦为大穴。如气血头之流行，正达此穴，而被点、被拿以致封闭，虽不足以致人死命，但亦足以戕害其肢体而成残疾也。即其空穴时，肩井全部被人拿住，亦可使被拿者之臂部受其影响，而失去原有活动之能力。

拿人前肩，必须敌人对立，始可着手。亦单用拿法，并不用擒法相助，有单手拿、双手拿之分。

如敌人与我对立，而我欲拿其左肩者，即屈右手三指作鹰爪状，以中、食二指插入肩井之中，大拇指则在前肩骨下面抠入，用力将其骨扣住。此即俗称锁琵琶者是也。若欲拿其右肩，则出左手三指，如法拿之。如欲左右并拿，则二手齐发，依法拿之可也。（图1–16）

图1–16

敌人被我拿住，则其筋收缩酸麻；甚至其臂部原有之活动能力完全失去，纵顽壮之人，亦不复能与我抵抗矣。唯此法与拿穴不同，被拿时固不能转动，若释手之后，转瞬之间即可以恢复原状，非必施手法药石以治之始愈也。

十二、后肩之拿法

扁肩胛骨，附于背部上面之两侧，实为肩部最要之主骨，而司全肩之活动者也。其形如蝶翅，较阔之部分接近脊骨，而较狭之部分，则与锁骨相衔接而构成肩膀，即俗称之饭匙骨是也。

拿后肩之法，虽方向部位之与拿前肩不同，然其所注重之处，亦完全在于肩井，固殊途而同归者也。唯迎面拿前肩，则以锁骨为辅；背立拿后肩，则以扁肩胛为助也。至其手法，亦单用拿法，而不须擒法之辅佐，亦有单手拿、双手拿之分别。

如敌人背我而立，我欲拿其一肩者，即将一手大、中、食三指作鹰爪状，突然发出，以中、食二指，插入敌人之肩井，而大拇指则从肩胛骨狭端下面之骨缝中抠入，运力拿之。如欲拿敌人之左肩，则发左手，依法拿之。如欲左右并拿，则两手齐发也。（图1–17）

图1–17

敌人被拿，亦必酸麻不堪，使其臂部完全失却活动之能力，而不复能与我抵抗矣。

唯此后拿较前拿为稍剧，因大拇指所按之处，适为凤尾穴，此穴属肾经，甚为重要，用力过甚，如伤其穴，亦足以影响内部，而成内伤不治之症，但可以药治。唯拿者对此，落手终以稍轻为宜。

十三、外肩之拿法

所谓外肩者，即肩尖突起之处也，此一部分，为肩胛骨、锁骨、上臂骨三骨相衔接之处，骨缝参差，筋络包被，即俗大臂骱者是也。

此部实为肩臂两部之关键，司臂部屈伸转动之总枢也。此部如受伤，则全臂完全失去活动之能力。唯此关键，密接吻合，构造巧妙，无以复加，但机关愈巧妙，损坏愈容易，此一定不易之理也。故肩臂之关节，一受外界之震激，恒易脱臼而出。

擒拿法之对于此等所在而特加注意者，即利用此弱点也。此部可用单拿，有时亦可以擒法辅之，不论敌人之背立或对立，皆可用之。

如为对立，我拿其左肩，宜用右手，以大拇指搭其肩尖前面之骨缝中，中、食二指搭其肩尖前面骨缝中，用力拿之。如拿右肩，则用左手。（图1–18）

图1–18

无论前后，双手并拿，亦无不可，被拿之人，此部已受束缚，全臂之活动力完全失去，不复能与我抵抗，若落手过重，且足以使其臂脱臼而出，唯拿时必拿正骨缝，始可奏效也。

十四、上臂之擒拿法

自肩以下，而至肘节之上，统称上臂，此部肌肉，较肩窝等为强厚，拿之较难。大概可分上下二部而拿之，但不能单用拿法，非擒拿并用不可。

如拿上臂之上部，敌人与我相对而立，我欲拿其右臂者，必先用左手抢握敌人之左腕或前臂，拢之使直；同时用右手之大、中、食三指作鹰爪形发出，大拇指居其上臂之内侧，而按住其腋窝，中、食二指则居其上臂之外侧，即上骨端之下面，用力拿之。如欲拿其左臂者，则两手更易其位置可矣。（图1–19）

图1–19

此法着力之处，完全在于大拇指，中、食二指不过拢辅之，使易于运力耳。至拿上臂之下部，手法固无大异，但以拿手移下，而拢其上臂中部之鼠蹊筋，即俗称老鼠肉者是也。此筋实为臂部之主筋，一受束缚，全臂即失活动力量，而不复能转动矣。

擒拿之法，完全与上部无异，其所以不用单拿，而必以擒拿辅之者，盖使其臂直而易于拿住。否则其上部虽被拿，但一磕紧，大拇指反为其所制；其中部虽被拿，但一屈肘，筋肉突起，亦足以脱去我之拿手。故非擒拿并用，不可奏效也。

十五、肘节之擒拿法

肘节乃联络大小臂，使之衔接，而司其转动也，实为大小臂间之重要关键。其部位在上臂下面一端，与尺骨、桡骨之上面一端接合之中间，肘屈之时，骨节外突，臂直之时，则其处有小陷窝。

单拿或擒拿并用皆可，又合于正面之敌。

如敌人臂屈之时，则宜用单拿法。如敌向我而立，我欲拿其左肘，即用右手三指作爪状从下捉起，而拿其肘关节之两侧，大拇指在外，中、食二指居内，皆按准骨缝用力拿之。如欲单拿其右肘者，则两手易位而行之可也。

如敌人臂直之时，则宜擒拿并用。敌人向我而立，我欲拿其左肘者，先用左手擒住其左腕或前臂，而用右手之三指作爪状拿其肘节，大拇指居内面肘弯之中央陷凹，而中、食二指则

按于肘节正面之骨缝中，用力拿之。如欲擒拿其右肘，则两手互易位置，行之可也。（图1–20）

图1–20

拿此部宜各取其便，不可固执。被拿之人，其臂部之活动能力必全失去，万难抵抗。而拿者用力若过于猛烈，且足以使其大小臂脱离。因骨骱之衔接，固不甚坚牢，极易脱落也。然唯其易脱，接合亦不为难，但循其理，施以手法，即可复原也。

十六、前臂之擒拿法

前臂，自肘节之下端而至腕关节之上部，其中统称为前臂。此臂不似上臂之为一骨支拄，实有二骨并行者，即尺骨、桡骨是也。此二骨之上下端，皆有关节联络之，故其头并，而中间则分开，有狭长之空隙。此空隙实为擒拿法中最易利用之处。因其间虽有筋络包被，但抵抗力极弱，一受外面之震激，筋络往往与骨失其联络而现浮肿之象。

此部单拿或擒拿并用皆可。但就擒拿之情形，看何法便利即用何法。

如敌人与我相对而立，我欲单拿其左前臂，则出右手三指，大拇指当其前臂内侧，中、食二指则当其外侧，皆抠在尺、桡二骨之空隙中，用力拿之。若对立而欲拿其右臂，则用左手可矣。（图1–21）

图1–21

如敌人背我而立，我亦可自后依法拿之。唯右手拿右臂，左手拿左臂耳，指之位置完全不变，如利于擒拿并用者，则以另一手助而擒之。其法与拿上臂等之擒法完全相同。

此虽拿前臂之部分，其效亦甚大，因前臂既失其抵抗能力，则上臂亦必间接受其影响而感觉酸麻不堪，力无所用矣。拿之过重，又足使二骨分离，成为残疾，慎之慎之。

十七、手腕之拿法

手腕之位置，居于前臂骨及掌骨之中间，又称手根骨。共为八块小骨组合而成，其形甚短，皆互相联合，而不能单独运动。如一骨动，则其余诸骨亦必随之俱动，为前臂与手掌中间之重要关节，且为其联络及转动之总枢也。在擒拿法，亦占重要地位。然不适宜用擒法，宜用单拿。

其拿法可分侧拿、正拿。侧拿即拿腕骨与掌骨及前臂骨两侧之关节；正拿即腕上之脉部也。大概正拿、反拿皆可。

如敌人与我对立，或立我侧，我欲拿其左腕侧者，即用右手之指拈住其腕，大拇指在内侧，余二指在外侧，皆抠骨缝中，用力拿之。如拿右腕，则用左手，但有时亦可以右手拿右腕、左手拿左腕者，是在便利与否耳。（图1–22、图1–23）

图1–22

图1-23

拿此处，亦足以使臂部酸软无力而失其抵抗能力，此为侧拿。若正拿则右手拿左腕者，则大拇指按住其脉关，二指扣住其腕背；若拿右腕，则二指按住其脉关，大拇指扣其腕背。左手正拿，类是。

拿住之后，稍微用力，即足以使臂力失去；若稍加重，则使人晕倒，过重且有生命之忧。因脉为全身之主脑，生命之中枢，不容稍有损害者也。

十八、腰肋之拿法

胸腹各部，穴道虽星罗棋布，在点穴法中极为注意，盖彼全仗二指点刺之力以制人，固无处不可施其技也。

擒拿法中，对于胸背等处可拿之处极少，以胸背所占之部位甚大，固不易以三指拈取之也。唯腰肋部，有时尚可施拿之手法，然亦无所用其擒。但此等所在，皆为人身紧要之处，无一不足以致人之死命者。举手杀人，故为法所不许，于道德上亦大有损，故拿人终以不拿此等部分为佳。即万不得已而用之，落手亦宜从轻，以敌人已受制而不能反抗为度，切勿过分为要。

此单拿之法，前后皆可用。

如敌人与我对立，我即可以右手拿其左肋或左腰，拿时大拇指在前，中、食二指在后。如用左手，则拿右肋或右腰，法亦如之。（图1–24）

图1–24

如敌人背我而立者，我可以右手拿其右肋或右腰，拿时大拇指在后面，而中、食二指在前。如用左手，则拿左腰，法亦如之。

拿肋、拿腰，手法完全无异，但上下之部位稍有不同耳。

此等手法，似觉太为狠毒，故不详述。尤望学此擒拿法者深体斯意，出手时务宜在轻处落手，毋好显能，而滥拿有关生命之处也，戒之戒之。

十九、腿骱之擒拿法

此一部分，在大腿骨与骨盘接合之处，其骨缝即名为腿骱。此骱在全身数骨骱中为最巨之部分，更无有大于此者。故欲拿此骱，实较拿别一骨骱为难，非指头功夫精深者，不足以奏效也。且此骱既为二巨骨所衔接，更有无数巨大之筋缠络其外，十分周密，尤以外侧一面则较宽大，故拿腿骱，实偏重于内侧一部分，而外侧一部分，则仅助其不足耳。

亦可单拿或擒拿并用。

如敌人与我对立，两腿伸直，我欲拿其左腿骱者，则张开虎口，叉住其大腿之上部，大拇指搭住其内侧骨缝，中、食二指搭住其外侧骨缝，用力拿之。若欲拿其右腿骱，则用左手拿之。

如敌人飞左足踢我，而我欲拿其腿骱者，势必擒拿并用矣，先用左手叼住其左胫或小腿，使不能落下，同时即发右手三指，抓住其大腿骱，依前法用力拿之。如彼飞右足以踢我，则我可用右擒左拿法制之。（图1–25）

图1–25

此等部位，拿虽较难，其功最大，如被拿住，非但一腿失其力，且足使全身受其影响，而擒拿并用之法，较单拿为易于着手。

二十、大腿之擒拿法

大腿为一极大管骨所支拄，上起于腿骱，而下迄于膝盖之上部，其中间为一整骨，既无小骨之歧出，又无骨缝之可寻，唯腿骨之外，包被之筋肉极厚。筋之主要者为转股筋，此筋有内、中、外三部，除中转股筋无关于擒拿者外，其内转股筋则在大腿之内侧，斜缠于全腿；外转股筋，则斜包于大腿全部之外侧，此即俗称之编篾筋者是也。

亦可单拿或擒拿并用。其中尤以内转筋为重要。

如敌人立直与我相对，我欲拿其左腿者，则用右手，张开虎口，叉住其腿，大拇指搭住内转股筋，中、食二指，搭住其外转股筋，运力拿之。如欲拿右腿，则用左手。

如敌人飞足蹴我者，则势必擒拿并用矣。若敌人飞左足踢我，我即先用左手擒住其胫或小腿，而同时用右手依上述手法拿之。若飞右足踢我，则用右擒左拿法制之矣。（图1–26）

图1–26

此法单拿，因腿部之筋深隐于内，皮肉又厚，故一时不易摸正，又无左手辅助，故着手较难。若彼举足踢我时，则全运力，各筋皆紧张突起，暴露于外，而擒拿并用，又有擒手之辅助，易于奏效也。

二十一、膝盖之擒拿法

膝盖为介于大腿骨及下腿骨中间之骨片，位居于胫骨之前面，而包覆其骨端。其前面接于大腿骨及下腿骨处骨缝，唯其两侧面则骨缝较为宽大，屈膝时，更为显著。

可以拿法制之，然其骨小而圆活，非指头功夫到家者，纵拿亦易滑脱，不易见效也。但此一部分在大小腿中间，实占最重要之地位，盖以其联络上下部，而司其转动。此骨受伤，则上下失其联络，必不能运动自如矣。大概在膝屈之时，宜用单拿；而膝直时，则宜擒拿并用也。

如敌人飞右足以踢我，我欲拿其膝盖者，宜先用右手擒住其胫或小腿，拽之使直，同时用左手拿其膝之侧面，大拇指居其内侧，而中、食二指则居其外侧，就其骨缝中抠入，用力拿之。如敌人举左足以踢我，我即用左手擒住，而用右手拿之可也。

如敌人直立者，则用单手拿法，其法与单拿大腿骱相同，可以参看，不必多赘。（图1–27）

图1–27

此部如被拿住，则上下腿之固有能力完全失去，不复能与人争持矣。

二十二、膝弯之擒拿法

膝部紧要之处，除盖骨外，厥唯腿弯，因其处正居于大小腿骨接合处之背面，亦有较大之骨缝，且小腿骨上端为腓骨、胫骨并头衔接之处。其骨缝实不啻腓骨与大腿骨之交，而伸筋居其要隘，虽无所掩盖，其所司之事，固不亚于膝盖之重要也。

拿腿弯之手法有二，主力各自不同。一则拿膝弯之中央，即腓骨与大腿骨接合之骨缝中；一则拿其膝弯两外侧之伸筋。

如敌人飞足以踢我，而我欲拿其膝弯之中央者，宜先用左手擒住其胫或小腿，同时用右手三指，从侧拦入拿之，大拇指居上，按住其膝盖骨，中、食二指在下，抠在骨缝之中间，用力拿之。

如欲拿其伸筋，则左手自下抄起，大拇指居外侧，中、食二指居内侧，用力拿之，此筋在膝盖后面之两侧。（图1–28）

图1–28

如其人直立，而欲拿其膝弯或屈筋者，宜自侧面取人。其手法与以上各节单拿法相同，可以互相参看。

膝弯被拿，其关节必失去转动之力量；伸筋被拿，则可使其腿直而不屈，不能抵抗，此两处较膝盖为易拿。

二十三、小腿之擒拿法

小腿部分，其肌肉固不及大腿之厚实，然较诸别一部则已超过数倍，故其筋络亦深隐于内，表面不易看见，主筋居于后面之中央，与腓骨相并行。此部自膝盖下面起而迄于踝骨之上端，为胫骨与腓骨合组之支拄。胫腓二骨之上下两端皆并头衔接，中部则离开而成狭长之空隙，与前臂部分，约略相似。

擒拿时亦分拿筋、拿骨两种手法。扣其后面主筋，而使腿部失其力量者，是谓拿筋；扣其胫骨、腓骨中间之空隙，使腿失其抵抗者，是谓拿骨。

如敌人飞足踢我，我欲拿其筋，宜先用一手擒住其胫，同时发另手，以大拇指按住胫骨上面之中部，中、食二指抠其主筋，即俗称黄鱼肚皮之处，用力拿之。（图1–29）

图1–29

如欲拿骨，则左手从下抄起，搭住其两骨之空隙，大拇指居外侧，中、食二指居内侧，用力拿之。

但敌人直立，而我欲拿其此部者，可用单手拿之，手法完全不变，唯撤去擒手不用耳。

此等部分，不论其所拿者是筋是骨，一被拿住，腿部即不能活动，更遑论乎抵抗，其受制于我也必矣。

二十四、踝骨之擒拿法

踝骨之位置，在胫骨与跖骨之间，上接于胫下连于跖者也。其骨为数小骨所组成，左右两侧，则突出各圆锤，其居于内侧者，称为内踝骨，居于外侧者则为外踝骨。在两踝后部之下方，各有小凹陷，其中即骨缝之接合处，实为踝部紧要之处，而前部之下方，即胫骨、跖骨相接之处，有一极粗之筋互连其间，而满被于两骨接合空隙之中间者，其所占地位，尤为重要。

凡拿此部位，皆用单拿，且皆于敌人举足踢我之时，盖以其居于全身最下之部位，若非踢起趁势拿之，势必俯身拿取，殊不便利。欲强为之，且足以受制于人。手法亦分拿筋、拿骨二种。

如敌人飞足以踢我，则我宜稍避其锋，一方面同时将左手从下抄起，而抓其凹陷间之骨缝，大拇指居内侧，中、食二指居外侧，用力拿之。此即拿骨。（图1–30）

图1–30

若欲拿筋，则让过彼足以后，即将右手三指从侧面拦入，以抓其胫之前后两面，大拇指居上拿住主筋，中、食二指在后为之辅，用力拿之。

此处部分虽极小，若被拿住，亦可以使全腿失其抵抗能力也。

二十五、足心之擒拿法

足心在足底之正中央，即涌泉穴是也。此穴在人身各穴中，亦为死穴之一，盖气血之所聚，百脉之中枢也。唯以其在足底，终日贴地，且有鞋底为之护，无从点拿，即点拿亦不易奏效也。

然不被拿则已，若被拿住，穴道封闭之后，轻则限期取命，重则立时身死，非药石手法所能救治，实杀手之一也。

依点穴法中之气血流注求之，每当亥正时分，则气血之头即注于涌泉穴；亥时末刻气血出宫而行入别穴，此穴始空。若在空穴时点拿，即不足致人之死命，然以筋络所聚之故，亦可以使人酸麻无力，重则残及肢体。

其拿法亦为单拿，且不限手之左右，但穿鞋者，因底之阻阂，必须功力能透内部，始可有效，手指之功夫，须十分精纯也。

如敌人飞足踢我，我即任举一手从横拦入，以拿其足心，大拇指按住涌泉穴，中、食二指则紧扣其足背，用力拿之。如力能透入者，被拿之人必觉筋酸骨软，纵不受伤，其抵抗能力

必完全失去。但在亥正时候，切忌施用此种手法，气血注于是宫，被伤必死，非仁义之道也。（图1-31）

图1-31

二十六、足背之擒拿法

足背上之穴道，亦不止一二，其中以太冲一穴为主脑，其重要固不亚于足心之涌泉穴也。

此穴之位置，居于大趾之后面，第一跖骨与第二跖骨中间，骨缝本极宽阔，其前端接近趾骨之处为尤甚，而太冲一穴，即在此骨缝宽阔之前端。但此穴在足部虽占重要地位，实非死穴而为晕穴。在其空穴时固不必论，即气血之头循行恰经是穴，忽被人点拿闭住，亦仅可使晕，最多肢体上略受损害，决不至危及生命也。

此穴之手法，亦用单拿，与拿涌泉穴大同小异，唯足背上之障碍，较足底为少，故拿取亦较为容易，唯必在举足踢我时用之。

如敌人举足踢我，我欲拿其太冲穴而制之者，宜先避过其锋，然后用手向彼足侧拦入，以三指搭住其足，用力拿之。（图1–32）

图1–32

拿时若气血正注是宫，可以使彼立刻晕厥；若拿时为空穴，亦可以使足之全部失去活动之力量。以上所述各法，皆用轻巧手法以制人者，但死穴戒滥拿。

第三节　擒拿之指功

一、擒拿与指功之关系

擒拿本为两种手法。以掌捉人而统握者，谓之擒。此等手法，极为平常，不知武术者类皆能之，其擒拿之轻重，则视其人之实力大小而定，且亦不必过分力大。盖仅以助拿手之势，并非主要手法也，故此擒手，亦无所用其练习。

至于拿手，即为此术中主要手法，克敌致果，皆在于是，且其主力，完全在于拇、中、食三个指头之上。我试思之，指头实为人身最小之一部分，其运力全在于指节，尤不若拳、掌之劈击，犹可借腕臂之力而贯之也。即以实力强大之人而论，三个指头之劲能有几许？力弱者更无论矣。欲以临敌，纵其善使巧劲，熟知成法，恐亦不能应手奏效也。故学习擒拿法者，必先将拇、中、食三指练出一种功劲，可以透入人身，方足以应用。

练此功夫，宜两手并习，若习单手三指，即不能左右随意。因擒拿固两手并行者，如左手擒人，则以右手拿人；若右手拿人，势必用左手擒人。究竟用何手擒，何手拿？固非如拳法之有一定，要临机应变，视敌人位置及我欲拿彼何处，应用何手擒之，何手拿之，始能得势，使敌人易于受制，不必刻舟求剑，要视其便利而已。

若单练一手拿劲，而敌人所站位置适与我相反，是则势既不顺，我必感掣肘而无所施其技矣。譬如我单练右手拿劲者，只能左擒右拿；练习左手拿劲者，只能右擒左拿。敌人居我之前，其位置与我所练者合，其势既顺，擒而拿之，固不愁反应；若敌人之位置不合我之手法，其势已逆，而欲以此法以制之，恐不易得手也。

请以拿鼠蹊穴为喻：敌人与我对立，我若欲拿其左臂鼠蹊筋，必用左手擒其左臂之下部，而以右手三指拿其筋，其势方顺；若反是而欲擒其左臂鼠蹊筋者，两手亦必互易，宜用右手擒其右臂之下部，而以左手三指拿其筋，方为顺势。若以左擒右拿之法而施于敌之右臂鼠蹊筋，以右擒左拿之法而施于敌人之左臂鼠蹊筋，其势既逆，自难望其手到成功也。

此犹为左右互行之法，已可见学擒拿法之人，对于指功，不能单练一手矣。其余如双手并用者，如敌人在前，而我欲从后拿其肩井穴，势必双拿，始可有效。若单拿一面，彼一转侧间即可脱去，是尤非只手之力所能及也。故无论练习何种功夫，宁习而不用，却不可不学习完全，日后应用之时，难免有掣肘之患也。

指功既与擒拿法有深切之关系，须相辅而行，不可脱离，是则不学擒拿法则已，欲学擒拿法，必须练习指功矣。顾练习指功之法，亦至不一，兹择要述数种于下，以资采择。至其他各法，并非不可用，但能练指顶之抓劲者，胥可行之，初不必胶柱以鼓琴也。学者于下列之法而寻求其理之所在，更加以阐发，自不难触类旁通焉。

擒拿指功惯称为“大力鹰爪功”。以下所举各种功夫虽不一贯，然殊途同归，其主旨则皆在于练习鹰爪五指抓擒或三指锁扣之力。习擒拿者，于鹰爪劲既有相当之重要，自当加意练习，在此各法中任选择一种而习之，固不必尽所举之各法而尽练之也。且练习鹰爪劲，与练习擒拿法中之相骨寻筋等事并不冲突，尽可同时并行，固无分乎先后，故鹰爪功练成，其他各部功夫亦可迎刃而解矣。

二、提坛功

先用一小口之坛，约重数斤者，此须视练者之原有指劲而定，不可固执。如练者鹰爪之力本可以提十斤之物者，则用十斤以上之坛；如练者鹰爪之力本不足提十斤之物者，则用十斤

以下之坛。此指入手之初而言，所谓约重数斤者，即以此也。（图1-33）

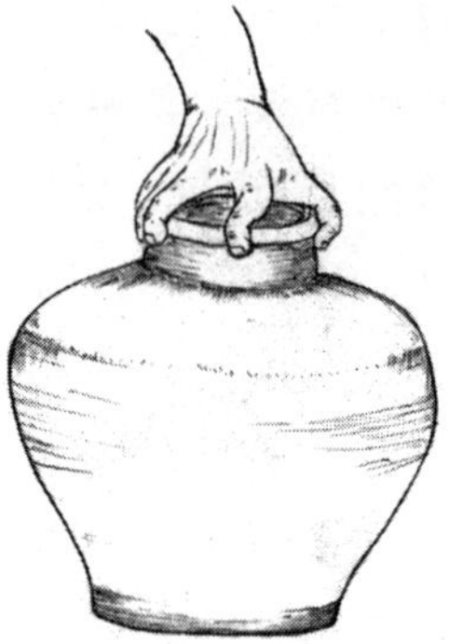

图1-33

以鹰爪扣于坛口，向上提起。（图1-34、图1-35）

图1-34

图1-35

初时必觉甚为费力，提起片刻，即须放下，不能耐久。练习日久之后，此种困难必逐渐减少，终至于完全不觉，以指提坛，宛若拾芥。即历时甚久，亦不觉其苦，至此则于坛中加铁屑两三斤，再依法练之。历若干时之后，时间亦无一定，视练者之勤惰而定矣。大概练至不觉其苦，而能持久不坠为止，再加二三斤，如此逐渐增加，苦练不已，由数斤而数十斤。至能以鹰爪之力而提取五十斤之坛，轻如拈羽，历久而不觉其苦，则功大成矣。以指着人身，必可使人折服，而无能与抗矣。

唯此功夫，须由渐而入，不可越躐。每次加铁屑，至多不得过三斤，若以贪功之故，而多加重量，非但不能猛进，反以减少其进步，而兴欲速则不达之叹。故练功不在于重量增加之速，而在于平时练习时间之长。大约每日分晨、夕二度练习，每一度以练习一个时辰为限。如此勤行不怠，进步自能神速，若急躁而求功，其结果适得其反，绝无良好之成绩。

此项功夫，自始至终，大约三年之内可以成就，其法既简便易行，成功亦不至过分迟缓。故练习指功者，多从事于此，良非无故也。

三、石荸荠功

石荸荠功夫之练法，与提坛相仿佛，唯以练功之具略异。而至入手之初较为艰难耳，因坛口有边缘可以借劲，石荸荠则并无边缘可以借劲也。

用青石制成倒置之圆锥形，略如水果中之荸荠状，其重量亦无一定，大约在入手之初，用二十斤者为度，不可再重矣。（图1-36）

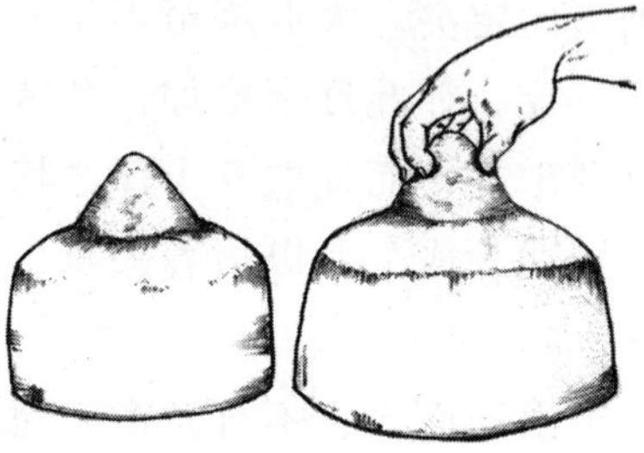

图1-36

此法与前法稍异者，并不渐次递加。此法入手即练较原有指力一倍以上之物，以后加重，亦以一倍为宜。广阔之处在下，而锐端则向上，练者以鹰爪手紧紧扣住其锐端相近之处，用力上提。（图1-37、图1-38）

图1-37

图1-38

在入手之初，以数斤之指力而提此十数斤之石荸荠，欲其应手离地而起，势所不能，但明知其不能，而必依法勤加练习，以冀其能有提起之日耳。大约半年之后，即可离地矣。

唯离地提起，以其上无边缘可以借劲，青石又为极滑之物，功夫未到，决不能悬空持久，提起即落，亦势所必然之事也。再加功苦练，功夫既达，自能逐渐持久矣。练至石荸荠可以应手而起，不觉沉滞，能历一炊时许之久，则第一步功夫成矣。

如入手时所练之石荸荠重量为二十斤者，至此即易为四十斤之石荸荠。依前法而勤练之，待功夫既深之后，此四十斤之石荸荠亦能应手而起，轻如拾芥，纵历久而不觉其沉滞欲坠者，则功大成矣。

试思，以鹰爪手提一毫无借劲又极平滑之石荸荠，可以历久不坠，其力之巨已可想见，若用以拿人，若非铁石所铸之身，势必不可当此鹰爪也。

此项功夫，较诸前一项尤为厉害，因练时纯凭指端之实力，无可假借，非功夫到家决不能应手而起，非若提坛之有坛口边缘之可借劲也。故彼纵练至提五十斤之坛，犹不若此能提四十斤石荸荠之力为巨也。唯此法在入手时较为艰苦耳。

四、拔桩功

其法以坚木一株钉入土中，约尺露出地面，于桩旁之四周，更用砖石筑入土中，务使结实，而桩不能移动分毫，亦正如建屋之筑基础。如不用砖石，则用同样之桩，依本桩之四周，密排而钉入之，全没入土为度，排列既密，桩当自紧。总而言之，凡可以使原桩坚牢不易有丝毫摇动者，其法皆可用。初不限于用砖石筑实与排桩紧密二法也。

将桩钉牢之后，练者立其旁，以鹰爪扣住桩之上端，用力提拔，似欲将桩拔起者。（图1–39、图1–40）

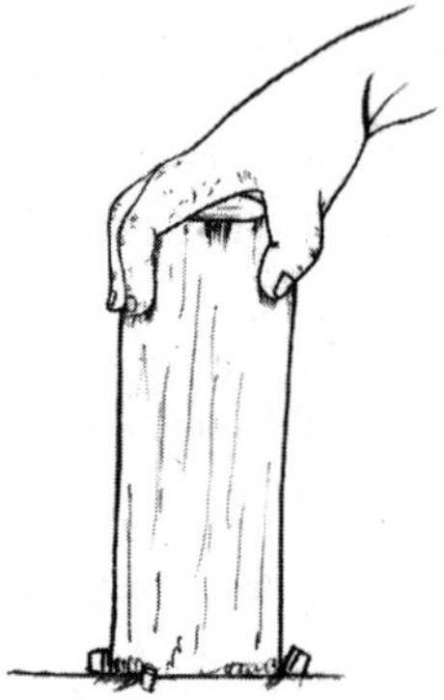

图1–39

图1–40

至指力不胜时，即稍休息，然后续行，或两手交互而行之。每日分晨、夕二次练习，每次以一个时辰为度，此外如遇闲暇时，多行几次尤佳。

提拔之时，须用直劲向上，不可向旁扭扒。在入手之初，正如俗语所谓“蜻蜓撼石柱”，决难移动分毫。然每日勤行，指力逐渐增加至功夫到家之后，亦必有应手拔起之日也。如此朝暮练习，一年之后，其桩必能缓缓拔起，由分毫而盈寸，由寸而逐渐递加，以至于能将全桩拔起，则指力亦已不弱。

如欲更进一步者，则可于树木上行之。择小树一株，以鹰爪纵横侧紧紧扣住，用力向上提拔。（图1–41）

图1-41

初时，树仅能微微动摇，绝不能使其根出土，因树根分歧杂出，扎于土中，极为坚牢，较诸人工所钉之木桩，其反抗之力量固不可同日而语，故不易使之出地也。加功苦练，勤行不怠，日久之后，功夫既深，自能逐渐将树连根拔起。

然为时，非三年不可，练至能一举手间而拔连根之树，其指劲之大，已足惊人，着于人身，即不在关节等处，已足制敌，固不必再谙擒拿之法也。若练擒拿法者，以巧劲制人，指功固不可不练，然练至能将木桩拔起，亦已足矣。正不必多费光阴而至此绝境也。

五、锁指功

初时空手练习，紧并中、食二指，屈成环形，而以大拇指屈指置于中、食二指之间，使三指顶相对，紧紧扣牢，掌心中空，

虎口成圆形。猛力扣一炊时许，略舒指休息片时，再依法紧扣之，每日有暇即行，不限次数。（图1–42）

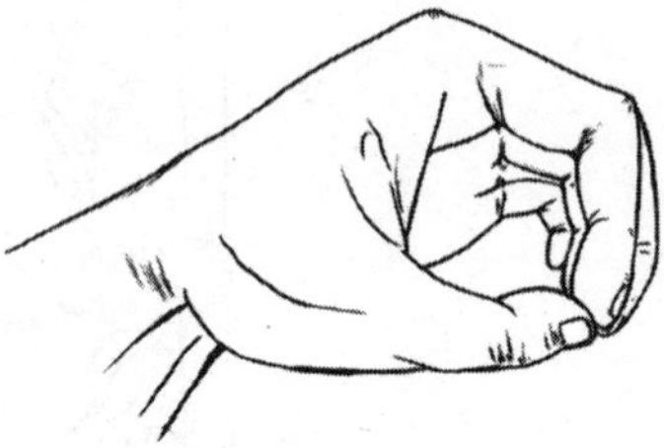

图1–42

盖此功初步，并不用器械练习，无论在何时何地，皆可随意行之也，扣时宜将全身之力运于鹰爪拇、中、食三指之端，务须沉着，切不可贪省力。

空手勤行半年之后，则用一小圆木夹于拇、中、食三指之间，依法扣之。木长约三寸，直径约一寸许，以梨、枣等木为合用，取其质地坚实也。如此更半年，再易以圆木而为铅棍，大小长短与圆木相等，亦以半年为期。铅棍之后，更易钢棍，依法练习半年，其功成矣。用以扣人身各部，亦可使敌折服。（图1–43）

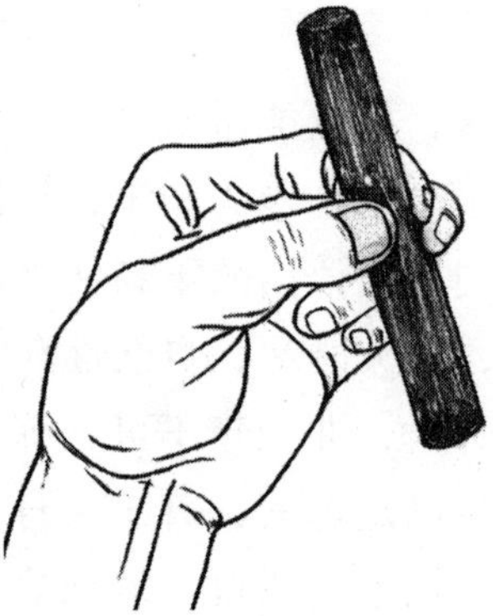

图1–43

相传此法为一大书法家所发明，盖于无意中得之者。其人喜研究书法，唯苦所作之书浮软无力，乃于笔管中灌铅数两，每日以三指拈笔，悬腕临摹，日必尽半日之力，而书擘窠大字者三百，勤行无间。其初，意不过求字之沉着有力，并非在武功上面着想也，如是者历二十年，其书既成名，而指端之功夫亦已成就。

顾其人不自知也，一日与友哄饮，友醉欲避席而去，其人以三指执其臂而拽之归坐，友忽狂叫而仆。视之，则所执之处，指痕宛然，青紫纹起，皮脱血出矣。然在执之者，固尝亦未用力耳。于是，群相惊异，揣之其故，始悉其灌铅于管，日事临池，而于无意中成此绝技也。

自是以后，其人除作书时外，恒以竹管戴于拇、中、食三指之上，盖以防不测也。后之练功者，以此为成法，而易笔杆为木棍及铅、钢等小棍，因有心练习之故。大约费时三年苦功，即可成就也。

六、拈花功

练习指面拈劲之法，亦名为“拈花功”。与以上各种功夫大同小异，唯着力之处，彼在指顶，此则在指面耳。

1. 练习拈花功之初步，亦不必用何种器械，但以拇、中、食三指面紧贴，略如锁指状，唯彼则扣三指使虎口成环形，此则拈三指使虎口成三角形耳。指面相贴之处，以三指之第一节为限，指面紧贴之后，乃贯全臂之力于指，徐徐向外拈去，旋转成小圆圈。（图1-44）

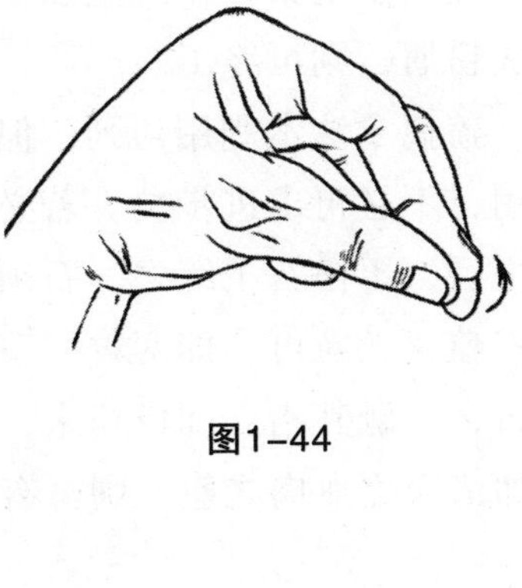

图1-44

由内向外旋若干次之后，更由外向内亦旋转若干次，其数须相等，如外旋百度，内旋亦百度。每日不限次数，有暇即行，指如酸痛，则略事休息以舒之。因此等功夫，既无须乎器械，又不必摆出练功架子，无论何时何地，随在可行，且旁人不易觉察，故非常便利。

2．空手勤谨练习，半年之后，指面之力量，亦已不小，乃更取极大之黄豆三粒，用拇、中、食三指拈住，依前法运全臂之力于指面，推动三豆，使在三指间旋转。（图1–45）

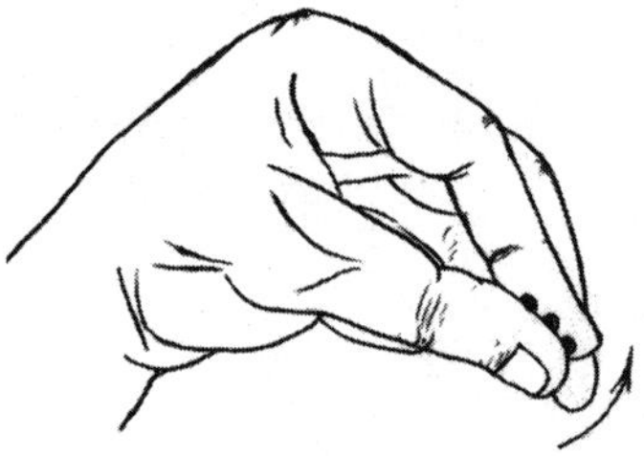

图1–45

初时每不能抡转如意，三豆且时有脱落之虞。练习一二月之后，即可免去此弊。其旋转之法，亦如空手时之内外各旋若干度，至力疲时稍事休息再练。唯所用练功之豆须随时更换，起初每日换二三次，以后逐渐增加，至每一休息，换豆一次。此一步功夫，须练至以三指拈豆毫不用力，轻轻一旋转间，即成粉屑，则可终了。

盖擒拿法本利用巧劲，但借功力以为助者，练至如此，亦已够用，不必再求进步矣。若必欲求其功夫之更进一层，则可于练豆之后，再换石子练之。石须坚实，如法拈旋，唯石子之数，不限三粒，三粒可，即两粒、一粒亦无不可，直练至无论如何坚硬之石，一触其指，即成粉末，则功告大成。坚石触之如此，若以爪加诸人之血肉之躯，则鲜有不筋断骨折者矣！

练习此等死功夫之后，每易于无意中伤人，即与人交手用此等功夫以制敌，亦正嫌其太为狠毒，有伤阴德也，故能练至拈豆使碎之时，即可停止。因已足制人，即恐强悍之敌不易克，与其再费功夫练此死手，不若移而练擒拿之为佳。因练拈石，至少须三年，若移此三年之光阴而练习擒拿之法，亦足够而有余裕矣。学者其三复斯言。

3. 拈劲之练习，除上述之一法外，犹有悬身以练习之者，其术之功效，似较上法为和缓而可取也。其法先在铁杠之上勤加练习，唯练此之铁杠，宜较寻常所用者加长一倍以上，其高度则与寻常者相似。

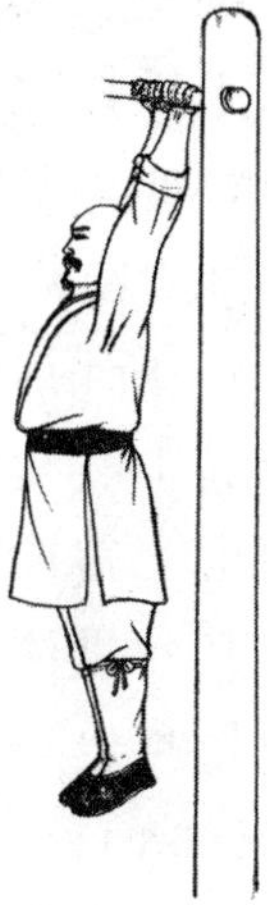

图1-46

入手之初，练习者以两手握住铁杠，将身悬空，并无若何动作，至两臂酸疲不堪时落下，休息片刻时，再继续练习。（图1-46）

每日晨、夕各行一个时辰为度，固此一步功夫，不过练习掌之力，于指劲无甚关系，经过数月之后，进而学习钩悬。

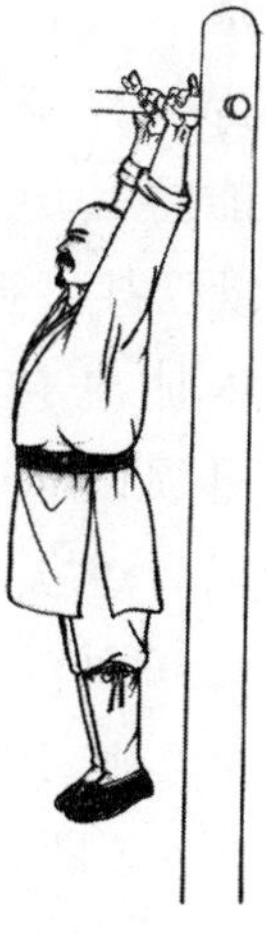

图1-47

4. 所谓钩悬者，即以中、食二指相并，屈指勾住铁杠，而用两大拇指环住铁杠之下方，三指面相贴，而将全身悬于杠上。此步功夫，乃用指节之力以为钩，用指面之力以相扣，犹为兼顾之练法，而非单练指功者也。（图1-47）

此法亦至力尽而休息，以后续行，每日练习之时间相同。在初练时以指力不充足之故，决不能持久，练至功候既深之后，纵将全身勾悬于铁杠之上，经一时之久，其指与臂亦不觉酸楚，则可再进一步而练习拈悬矣。

图1-48

5．所谓拈悬之法，即以两手之拇、中、食三指拈住铁杠，悬身空中也。盖前法将指之钩劲练脚，更将其劲贯注于三指之面，拈住铁杠而悬身也。此法较钩悬为尤难。（图1-48）

初时虽能拈住铁杠而悬身，但瞬息之间即不能耐而落下，或竟随起随落。每日勤行，此种困难必逐日减少，终至与钩悬相同，不觉其难，能持久历一时而不落，则指面之力量已甚可观。

图1-49

然拈悬初时犹两手同时用力者，更须以单手行之：如先用右手拈悬若干时，再用左手拈悬若干时，交互而行之，至亦能悬一时之久为止。此步由双手进而单手，其效较速。（图1-49）

以后，再用一手拈悬，而将前手释去，再转过身躯，以释去之手拈悬，而释去其后拈之手，全身亦随之移动，由铁杠之此端而移至彼端，再回向此端。如此往来复不息而练习活动之劲。（图1-50）

唯在初时，因身体悬荡而增加原有之重量，且转移不定，每感困难，交替数次后，即不能支持而落下。加功勤习日久之后，自能逐渐持久，以至任便往复若干次，亦不觉其困难。练至如此，其指端之力，固足惊人，而益以活动之法，更切于擒拿之用。

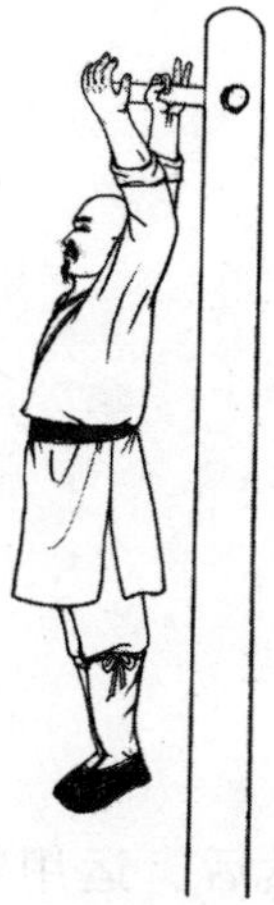

图1-50

闻昔有一人，能以三指拈住屋中之椽子循回屋中，疾如飞鸟！众以乱箭射之而不能伤其毫发，其技之神，可想而知。询其练习之法，即从此悬身中练成者。

观乎此，则悬身练习之法，不仅练得指劲，而为擒拿之助也。此法虽非完全柔功，但较诸其他一切死手，则相去已远，不可同日而语矣。

七、卧虎功

卧虎功亦为练习鹰爪手指之劲与脚趾之力者，练时伏卧而行。

1. 先将身伏卧于地，各部挺直，脚趾尖支地，两手则置于头部之两旁，指尖向前，掌心贴地。（图1–51）

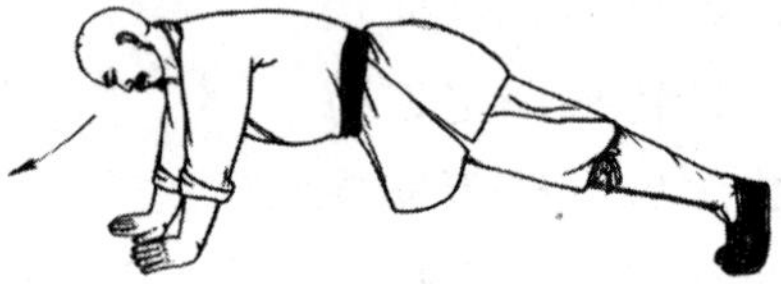

图1–51

2. 然后，运用臂、腿之力将身撑起，至离地一尺光景时，缓缓将身向前探去，至极度时，两足向后挫，身亦随之后退，退至极度，再行前探，循环往复，力尽而止。唯自始自终，全身除足趾、手掌之外，其余各部完全悬空，不宜稍令贴地。初时行二三度之后，即觉力疲气涌。习之既久，次数自能逐渐增加。（图1–52、图1–53）

图1–52

图1–53

3. 一年之后，则完全不觉其苦，则易掌为拳，拄地而行之，即用两手握拳，以拳面贴地，虎口则向前方，依前法而探、退之。（图1–54 ~ 图1–56）

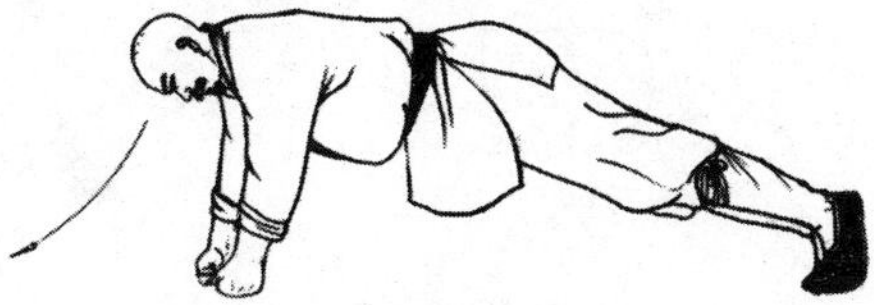

图1–54

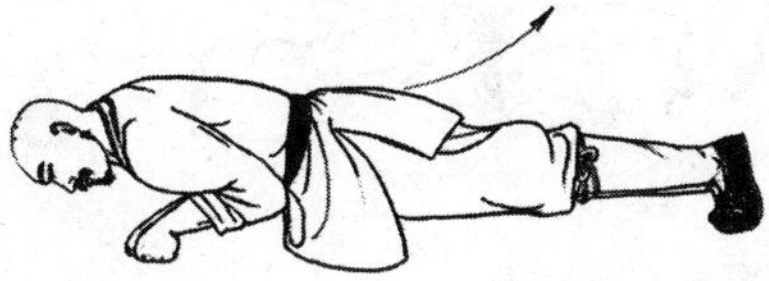

图1–55

图1–56

4. 更越若干时之后，则再进一步，易拳为指而行之。（图1–57～图1–59）

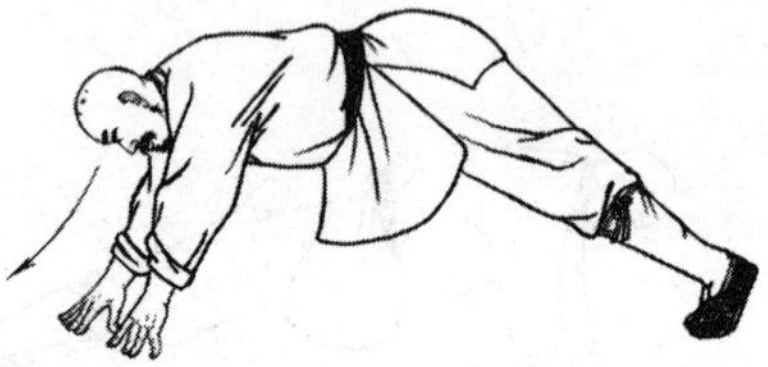

图1–57

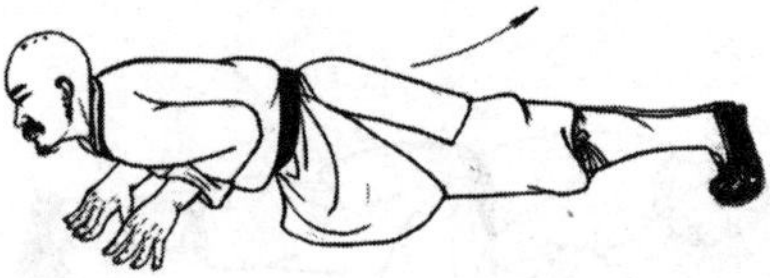

图1–58

图1–59

5. 更练习若干时，则单用一足之趾拄地，其另一足则叠置拄地之足跟上，依法练之。两足交换而行。（图1–60 ~ 图1–62）

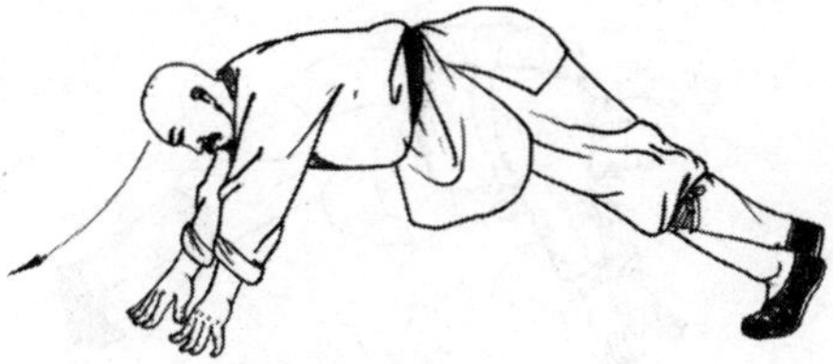

图1–60

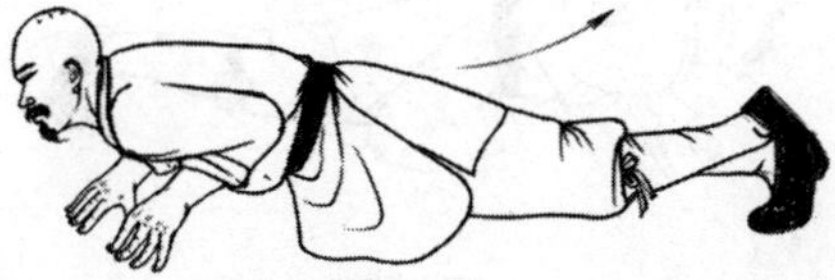

图1–61

图1–62

6. 然后，再缚石于背而勤加练习。石之重量，亦由轻而重，逐渐增加，从十余斤而加至百斤为度。（图1–63 ~ 图1–65）

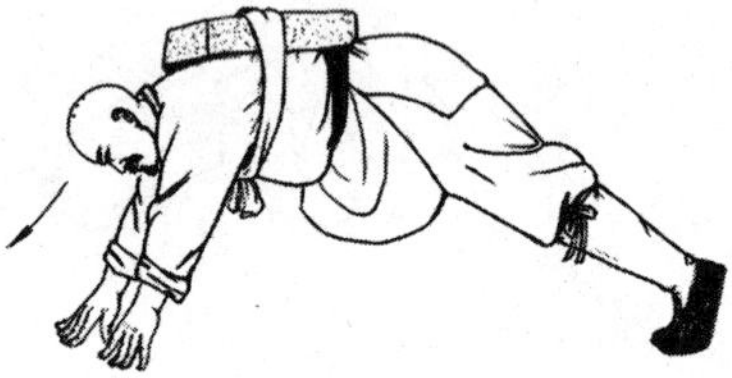

图1–63

图1–64

图1–65

至背负百斤之石，以指按地而行功夫，历久而不觉其累赘费力者，则功告大成矣。指力至此，亦可得数百斤，用以制人，足有余裕。此特为寻常之法，若兼治擒拿功夫者，则不必缚石再练，即练至能以三指按地，练此功夫历久不觉费力时，爪力亦已不小，足为擒拿之助，不必再负石练习矣。

八、蜈蚣跳功

蜈蚣跳一法，亦练习爪、趾之劲而兼及跳跃者。其法与卧虎功略同。

1. 亦先用两手掌、两脚趾抵地，支拄全身，胸、腿等部离地约三四寸。此为预备时之姿势。然后，将身体之中部向上耸起成弓背形，亦如懒猫伸腰之状，耸身至极度。（图1–66）

图1–66

2. 然后，两掌猛力向地上一捺，同时两足尖猛力向后一点，全身完全凌空。而乘此点之势，向前面跃出，落下时仍以掌、趾拄地，身体仍离地数寸。在入手之初，跃出者不及一尺，以后功夫渐深，所跃愈远，终至一跃而达于数尺之外。（图1-67）

图1-67

此法较卧虎功为难，一不留意，胸腹各部非但触地犯忌，无意之间亦易受伤，故最好先将卧虎功练有相当程度之后，再进而练此，则较为易成。

3. 待用掌跳跃练至纯熟之后，再变掌为拳，依法练之。（图1-68、图1-69）

图1-68

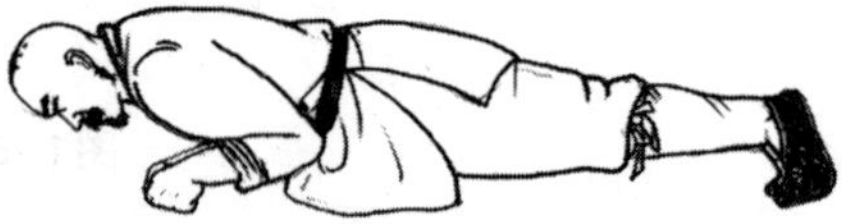

图1-69

4. 然后，更进而用指按地跳跃。（图1–70、图1–71）

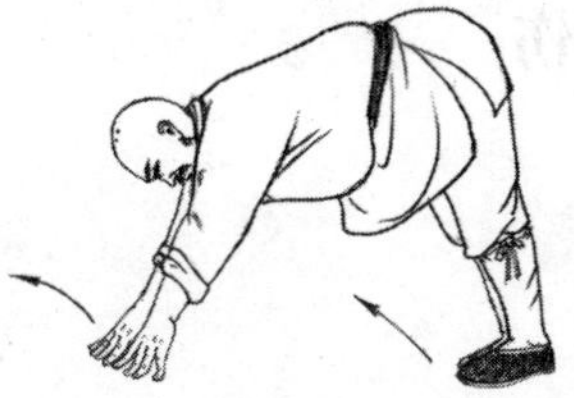

图1–70

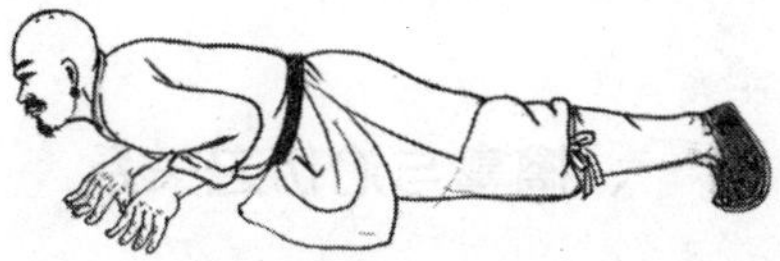

图1–71

5. 最后，亦习一足点地之跳跃。（图1–72、图1–73）

图1–72

图1–73

至皆能任意进退，则功造大成矣。用以临敌，非但手指、足趾之功力可以制人，而跳跃往来，亦足以助退避之用，使敌人出于意料之外，而无可措手足。是诚制胜之妙法也。

第四节　擒拿与治伤

一、擒拿与治伤之关系

擒拿一术，虽为与人争斗用以出奇制胜之法，然亦并非死手，于制敌之外，亦可用以治伤也。夫武术一事，本与伤科有连带之关系，凡技击精者，然亦必略知门径，盖语所谓能杀人者，必能生人也。若但知武事，不谙医伤，是即谓之死手，其技虽精，实无足取也。

习武者固宜兼治伤科，而为伤科者，亦必兼治武事，因伤科一道，固非如寻常内科之仅恃方案汤药而治病也。接骨上骱，固有赖于武力，而涤伤打箭，亦全恃乎手法；若不谙武术之人，遇寻常内伤，固可依照成法，施以药石，对症无误，即可见效。若遇筋断骨折等伤必须用手法者，力量既感不足，而于一筋一骨之构造亦不了了，必且束手无策矣。即强作解人，而免施手术，亦必不能得良好之结果，甚且反因此而发生意外之危险。故凡世人之以伤科著名者，类皆武术名家，此非无因也。故谓习武事者，须知医伤，习伤科者必治武事，互相为用，始免舛误。

伤科对于其他武术如此，而对于擒拿一法尤当特加注意。因擒拿一法其最主要者，即人身内部之构造，必先详知，然后可以出手制胜。其对于一筋一骨之部位构造必深知之，纵极小者，亦不稍遗漏，尤注意于关节。凡人身之骨最易受损者，厥为关节之处。因两骨衔，借筋肉之联系而相合，凡受到外面重大之震击，可使骨立即脱臼而出；即不完全脱离，但使相衔之处稍有参差，即酸痛麻木，以致全部不能举动。若遇此等伤势，若非用手法之归臼，即成残废。大概须先用一手擒住其脱臼之下部向外提拔，使两骨完全脱离，然后用另一手拿住其关节，摸正骨骱，而送之入臼。此种手法，非擒拿手而何？即此一端，已可见擒拿法与治伤，实有极大之关系，非可以忽视者矣。夫能杀人者，必能生人。

此擒拿之法用以临敌，固足以出奇制胜，使强敌折服；用以治伤，则可以使折臂脱胫之人，在一擒一拿之时，立刻消除痛苦而恢复原状。其术之佳，固非寻常拳脚功夫，所能冀其万一也。更有进者，若生计丰裕之人习得此法，凡遇因跌打而受损伤者为之医治，拯人于危，亦荫功积德之事。若生计窘迫之人习得此法，亦可以悬壶问世，借此自活，亦为一种生计。故我常谓学得擒拿法以后，进而学伤科，自属容易。若为伤科者，则不可不学此技以自助，二者固有不可相离者在也。

二、练功洗指方

练习指功之初，功夫未至，每易使手指受伤，或因贪功过度，使指端肿胀；或因无意之间别伤指骨，使指节不能转动；或受意外之震激，而伤及筋骨。凡此种种，皆足以使行功上发生绝大障碍，是以在事前不得不有相当之防范，而免除此种弊病。所谓防患未然者是也。

然则防患之法唯何？舍药物之外，更无他法矣！故将练功时洗指之药方录后，以备学者之采用焉。

淮牛膝二两，南星三两，砂膏皮半斤，钩藤四两，虎骨二两，生草乌四两，麻黄二两，柴胡三两，鹰爪一对，川乌四两，水仙花四两，瓦花二两，槐花四两，金樱子二两，白榴皮二两，思子二两，白鲜皮四两，虎骨草四两，闹羊花四两，落得打四两，四红草半斤，款冬花四两，地骨皮四两，穿山甲三两，车前子三两，象皮四两，大力根四两，蓖麻子二两，没药二两，木瓜二十个，五龙草四两，马鞭草二两，自然铜二两，蛇床子二两，桂枝二两，八仙草二两，过山龙三两，还魂草三两，白凤仙二十一个，梧桐花四两，槐条三两，生半夏二两，覆盆子二两，核桃皮三两，黄芪三两，胡蜂巢一个，油松节十个，大浮萍二十四个。

以上各药，加陈醋二十斤、清水二十斤，共同煎浓，贮瓷缸中。练功时，先将指放入，浸一炊时许，取出擦热，然后行功。功毕之后，再浸少许时，取出擦热。如此则手指不至有浮肿脱节之虞。

【又方】

黑知母二钱，元参一钱，白术二钱，蜈蚣二条，红娘子五钱，白信五分，斑蝥虫三钱，侧柏一两，黄柏一钱，白鲜皮二钱，铁砂四钱，阳起石一钱，北细辛二钱，硇砂五钱，干姜一两，防风二钱，荆芥二钱，指天椒四两，小牙皂二钱，打屁虫七个，石灰三两，华水虫八钱，红花一钱，白蒺藜二钱，大归尾二钱，金银花二钱，小川连一钱。

以上石灰、铁砂二味，须放在锅内炒红后加入，再用清水十斤，煎煮至极浓，去渣存汁，贮瓷罐待用。洗指之法，与前方相同。

三、被拿轻伤洗浸药方

凡被人擒拿，而落手过重者，除死穴以外，亦必不能立刻回复原状，因所拿之处，皆在骨节筋络上用功夫也。此等所在，被拿过重，势必肿胀青紫，减少其活动之能力，亦非用药物洗涤之不易速愈。唯在骨节处，轻则骨挫离位，重则脱臼而出，如遇此等情形，势必先用手法将骨安正之后，更用药水洗之，方可见效。更有因被拿而伤及内部者，非用内服药以托出之不可。

兹将紧要应用方摘录数则于后，以备此中人自医医人之用也。

荆芥二钱，防风二钱，透骨草五钱，羌活一钱，独活二钱，芥梗二钱，蕲艾二钱，川椒二钱，赤芍二钱，一枝蒿五钱。

凡遇被拿，或因其他跌打损伤，而皮肤发现青紫肿胀、隐隐酸痛者，则用以上各药煎浓汤洗之，每日洗三次，轻伤三日可愈，重伤九日可愈。而皮破血流者，忌用此方。

四、壮筋续骨丹

当归二两，川芎一两，白芍一两，炒熟地四两，杜仲一两，川断二两，五加皮二两，骨碎补三两，桂枝一两，三七一两，黄芪一两，虎骨一两，破故纸二两，菟丝饼二两，党参二两，木瓜一两，刘寄奴二两，地鳖虫三两。

以上各药，共晒脆研为细末，砂糖泡水调和，制成细丸，每服四钱，用滴花烧酒送下。

凡被拿筋骨受伤，而非洗药方所可治疗者，服此必能见效。即筋蜷骨折，所伤尚轻者，亦可以此丸治之也。

五、行气活血汤

玉金一钱，香附钱半，木香四钱，苏梗一钱，青皮一钱，归尾二钱，乳香一钱，元胡索钱半，茜根一钱，泽兰一钱，红花五分。

以上各味，用清水两碗煎浓至一碗，去渣存汁，用滴花烧酒一小杯冲服，功能行瘀正气，去伤祛邪。

凡被拿气血停顿，发现肿痛，或因其他跌打损伤而致发现上述情形者，皆可服此方，三贴取效。

六、万应药酒

红血藤三钱，五加皮四钱，土鳖二钱，莪术三钱，乳香二钱，赤芍二钱，虎骨三钱，桑寄生二钱，白芥子二钱，川牛膝三钱，伸筋草二钱，自然铜二钱，大独活二钱，北细辛二钱，西当归二钱，桑枝二钱，粉甘草二钱，三七二钱，羌活二钱，川乌一钱，三棱二钱，松节三钱，南星二钱，豨签草四钱。

以上各药，用上好烧酒浸之，封存一年，使酒浸透药中，然后去其渣滓，滤清贮瓷瓶中。

不论新旧诸伤，但服此酒，可望痊愈。每日饮三次，伤愈为度，其饮之多少，以原来之酒量而定，亦不宜过量。

第二章

少林古传点穴

第一节　点穴概说

技击之术，由来极久，在古代创始之时，仅依星斗山河之象、沙虫猿鸟之形，据其部位，仿其动作，而演为拳法。由是推进，而及于刀剑殳挺之属，以开后世武术之风。

自兹以后，技击之法日繁，门户之见于焉生，矜奇炫异，各极其变。于是，初得皮毛者，可借新奇而自掩；得其真传者，视等珍异而自秘。如此迁延数千百年而至于今日，欲求古法之不失其传者，亦甚难矣。

今之言武术者，厥唯两派，少林、武当是也。考两派之历史，则少林为悠久。少林派之祖师，为天竺达摩（图2-1），达摩之入中土，在梁大通丁未之秋。武当派之祖师，为张三丰，三丰生于宋代徽宗之朝。其间相去者数百年，若考其武术之精奥，则各有所长。而保存中国固有之国术，而推阐发明，以至于今日，不至完全

图2-1

失传者，两派之功，正无分轩轾。

今之人也每谈武事，必曰：少林为外家，武当为内家；外家主刚，内家主柔。其实少林亦有柔和之处，武当亦有刚劲之处。必强分之，是无异于读书人之别孔孟也。愚以为武术者，含阴阳造化之机，具刚柔互济之道，始足以致实用。否则，纵百炼之钢，亦必有折损之时；绕指之柔，亦难有舒展之望。观乎少林派之各种武技，可为证也。

图2–2

昔有人焉，体瘦如枯腊，临风却步，弱不胜衣，而数十壮夫困之，不能折，但骈中、食二指，遥向壮夫作指点状，众皆却立，不能转动声息。（图2–2）

有识其法者曰："此点穴法也。"率众叩求之，并叩其法所自传。其人笑曰："老夫居少林寺者十余年而得其薄技，可不敢辱人。子等处身乡里，而不务农田，粗知举手投足之法，即自号拳勇，盛气凌人，幸遇吾，否则死耳。"乃一一救之苏，众于是知点穴之法，实传自少林矣。（图2–3）

图2–3

夫点穴之法，在武术为功，在功为柔，以此可证少林故亦有柔功也。唯点穴一法，其理极精，其练极难，善此者又互相珍秘而不肯外传，故至今日，能是法者，已如凤之毛、麟之角，不可多得其人。习武术者，亦仅能举其名，而不能详其法，是亦甚可惜也。

愚尝不揣拙劣，而考点穴之理，知此法非但为制人之武功，抑且与医学极有关合，亦足以救人之危急。其理深邃，非精心研求不能通，宜非彼纠纠桓桓之辈、专以勇力为能事者所可知矣。

夫人身一太极也，阴阳既分，五行自判，于是乎有生克运化之机矣。人之所恃以生者，唯气与血，气血调和，则生机蓬勃，欣欣向荣；气血失调，则死机潜伏，垂垂欲绝。其自然之运化，生老病死之所系，故可存而不论。至壮健之人，有时因外部之伤损，而致气血失调，亦足致病死；以点穴之法，而使人不能转动声息者，即此类也。

夫气之与血，为人生养命之源，循行全身，无时或息。而其经行之道，亦有一定之规程；经行之时，亦有一定之秩序，丝毫不爽。人身四脉、十二经、三百六十五穴，在一周时间，气血必经行一度。其经行则以十二时为准，某时气血之头属某经，而贯注于某穴，连带及于其他若干穴，亦有一定。

吾人如能悟此，但依时辰而计血头之所在，施其指点之术，指触是穴，其穴立闭。气血循行之道因而阻塞，气血之头亦必因之而停于是穴，不复能循环如旧。气血停滞不能循行，则四体百脉在受其牵掣，驯至四肢萎疲，不能转动，哑口结舌，不能声息。非从对位之穴施以手法，使被闭之穴开启，决难复原。此其理亦颇明显，唯稍觉繁复耳。

人身各穴，亦有大小、生死之分。小穴二百五十七，大穴百有八，其中死穴三十有六，主晕者七十有二。此外奇经各穴，或主哑，或主晕，或主萎顿，虽不足以致死，亦可以使暂时失其抵抗。知乎此，则点穴之术尽矣。

就上述各点言之，点穴之术亦非至难之事，而尽人能意会得之者，何以时至今日，习武者但能举其名而不能详其法耶？此则非点穴之难，实由于习武者之舍本求末，故也。

武技之事，在表面上观之，未始非争强贾勇之道，其实就根本上言之，则完全非是。其要旨全在于锻炼其体魄，使身强寿永；遇有外侮，则可藉以自保。故古君子之言曰：学武技者，尚德不尚力。力虽足以折人，而人未必因而心悦诚服；唯德是务，力虽逊于人，而人必帖然，此不易之理也。又曰：能杀人者，必能生人。盖武技之精者，一举手即足致强敌之死命；而于垂危之人，则略施手法可以复苏。若但杀人而不能生人者，则谓之死手，无可取也，故学技必先治生人之道。然则生人之道将奈何？曰唯有熟求点穴而已。

夫以技杀人者，唯有劳伤，而劳伤之治法，则完全在于经络、穴道。故伤科云：治伤非难，勘穴唯难；用药非艰，对症唯艰。盖治伤者必先认定其所伤之处，究属何伤？究属何穴？然后依其所在而定治法。或用手法而治其外表，或用药物而祛其内伤，则药到病除，着手成春。否则，妄施手法，妄投药石，而欲救人于垂危，是必不可得也。

吾故曰：学技者无论欲制人，欲拯人，他法可以不知，而点穴之道却不容不知。唯点穴一术，在古之习技者固无不知，其后以自私自利之故，传至今日，几至失传。而今之武术家亦以死手为多，即偶以治伤为号召者，亦仅略谙骨骼，略备成药，非能完全了然也。

吾幼好艺事，无论何书，皆喜涉猎。适友人蒋君，其祖上曾得异人传授，以易筋经、点穴法等知名于时，惜以年久之故，亦不能尽得其秘。叩其法蒋君竟以不知对，更请其先人所著关于武事之书，得学技练功秘诀甚多。而于点穴之法，亦备大要，乃笔录之。惜吾幼，少学问，于其法之深奥，未能晓然。

庚子秋，遇徐君畏三于澄江。徐君固武术界之先进，其尊人亦亲入少林寺学技有年者，故名望甚重；乃出手录蒋氏之书而请益。徐君就蒋氏之论，本其心得，详为解释，抽丝剥茧，妙绪万端，而吾于是乎得其大概焉。复恐健忘，更笔录徐君讲述之言，以备遗忘；兼以示后之学技者。（图2-4）

图2-4

且深愿后之学技者，本尚德不尚勇，勉于点穴之道。则遇有危难之时，既可出以应敌，作防身远祸之具；即不然，退而以此法治人疾病，亦救世济人之道。否则，徒恃血气之勇以凌暴于众，但能伤人，不能医人；但能杀人，不能生人，闯祸肇灾。非但法纪所不容，即天道亦所必诛，实为取死之道，吾殊不愿见也。愿吾之子孙，及后之学技者，毋以余言为河汉焉。（金倜生）

第二节 经脉穴道总名

一、经脉总名

（一）十二正经

1. 手太阴肺经
2. 手阳明大肠经
3. 足太阴脾经
4. 足阳明胃经
5. 手少阴心经
6. 足少阴肾经
7. 手太阳小肠经
8. 足太阳膀胱经
9. 手厥阴心包络经
10. 足厥阴肝经
11. 手少阳三焦经
12. 足少阳胆经

（二）奇经八脉

1. 任脉
2. 督脉
3. 冲脉
4. 带脉
5. 阴跷脉
6. 阳跷脉
7. 阴维脉
8. 阳维脉

二、穴道总名

少商、鱼际、大渊、经渠、列缺、孔最、尺泽、侠白、天府、云门、中府、商阳、二间、三间、合谷、阳溪、偏历、温溜、下廉、三里、曲池、肘髎、五里、臂臑、肩髃、巨骨、天鼎、扶突、天髎、迎香、隐白、大都、太白、公孙、商丘、三阴交、漏谷、地机、阴陵泉、血海、箕门、冲门、府舍、腹结、大横、腹哀、食窦、天溪、胸乡、周荣、大包、厉兑、内庭、陷骨、冲阳、解溪、丰隆、条口、犊鼻、梁丘、阴市、伏兔、髀关、气冲、归来、水道、大巨、外陵、天枢、滑肉门、太乙、关门、梁门、承满、不容、乳根、乳中、膺窗、屋翳、库房、气户、缺盆、气舍、水突、人迎、大迎、地仓、巨髎、四白、承泣、颊车、下关、头维、少冲、少府、神门、阴郄、通里、灵道、少海、青灵、极泉、少泽、前谷、后溪、腕骨、阳谷、养老、支正、小海、肩贞、臑俞、天宗、秉风、曲垣、肩外俞、肩中俞、天窗、天容、颧髎、听宫、涌泉、然谷、太溪、大钟、水泉、照海、复溜、交信、筑宾、阴谷、横骨、大赫、气穴、四满、中注、肓俞、商曲、石关、阴都、通谷、幽门、步廊、神封、灵墟、神藏、彧中、腧府、至阴、束骨、京骨、金门、申脉、仆参、昆仑、跗阳、飞阳、承山、承筋、合阳、委中、浮郄、殷门、承扶、秩边、胞肓、志室、肓门、胃仓、意舍、阳纲、魂门、膈关、譩譆、神堂、魄户、膏肓、附分、会阳、下髎、中髎、次髎、上髎、日环俞、中膂俞、膀胱俞、小肠俞、关元俞、大肠俞、气海俞、肾俞、三焦俞、胃俞、脾俞、胆俞、肝俞、膈俞、督俞、心腧、厥阴俞、肺俞、风门、大杼、天柱、玉枕、络却、通天、五处、承光、曲差、眉冲、攒竹、睛明、中冲、劳宫、大陵、内关、间使、郄门、曲泽、天泉、天池、液门、中渚、阳池、外关、支沟、会宗、三阳络、四渎、天芬、清冷渊、消泺、臑会、肩髎、天牖、翳风、瘈脉、颅息、角孙、丝竹空、和髎、耳门、大敦、行间、犬冲、中封、蠡沟、中都、膝关、曲泉、阴包、阴廉、章门、期门、窍阴、侠溪、地五会、临泣、丘墟、悬钟、阳辅、光明、外丘、阳交、阳陵泉、阳关、中渎、风市、环跳、居髎、维道、玉枢、带脉、京门、日月、辙筋、渊液、肩井、风池、脑空、承灵、正营、目窗、阳白、本神、完骨、浮白、率谷、曲鬓、悬厘、悬颅、颔厌、客主人、听会、瞳子髎、鼻柱、素髎、水沟、兑端、龈交、额上行、神庭、上星、囟会、前顶、百会、顶后、后顶、强间、脑户、风府、哑门、背脊、大椎、陶道、身柱、神道、灵台、至阳、筋缩、脊中、悬枢、命门、长强、承浆、廉泉、天督、璇玑、华盖、紫宫、玉堂、膻中、中庭、鸠尾、巨阙、上脘、中脘、建里、下脘、分水、神阙、阴交、石门、关元、中极、曲骨、会阴、跗阳、居髎、肩髃、臑会、耳尖、聚泉、金津、玉液、海泉、鱼腰、太阳、颧骨、中魁、八风、八邪、十宣、五虎、肘尖、肩柱、二白、独阴、内踝、外踝、兔眼、中泉、小骨、印堂、子宫、阑门、百虫窠。

第三节　各经所属穴道及其部位

一、属于手太阴肺经之穴

1. 中府

在云门下一寸六分，乳上之筋间，动脉应手陷中，为肺气结聚之处、手足太阴二经之所会。

2. 云门

在巨骨下侠气户旁二寸陷中，动脉应手之处。

3. 天府

在腋下三寸，肘腕上五寸，动脉中，用鼻尖蘸墨点之，墨到之处，即是穴门。

4. 侠白

在天府之下，去肘五寸之处，动脉中。

5. 尺泽

肘中约纹上动脉中，屈肘横纹，筋骨罅陷中，主肺之水。

6. 孔最

在去腕上七寸处。

7. 列缺

在腕侧上一寸五分，以两手交叉，食指尽处，两筋骨陷之中即是。

8. 经渠

在寸口动脉陷中，主肺之金。

9. 太渊

在掌后内侧，横纹头动脉中，主肺之土。

10. 鱼际

在大拇指本节后，内侧白肉际陷中（此穴一说在散脉中），主肺之火。

11. 少商

大拇指内侧，去爪甲角如韭叶，主肺之木。

二、属于手阳明大肠经之穴

1. 商阳

在手拇指次指内侧，去爪甲角如韭叶，主大肠之金。

2. 二间

在食指本节内侧，陷中，主大肠之水。

3. 三间

在食指本节后内侧陷中，主大肠之木与火。

4. 合谷

在手大拇指次指歧骨间陷中，此为大肠之原穴。

5. 阳溪

在腕中上侧两筋陷中，主大肠之火。

6. 偏历

腕中后三寸，为太阳脉别走太阴者。

7. 温溜

在腕后五寸、六寸之间。

8. 下廉

在辅骨下，去上廉一寸之处。

9. 上廉

在三里下一寸之处，为阳明之会。

10. 手三里

在曲池下二寸，以指按之，肉起锐端者是也。

11. 曲池

在肘外辅骨，屈肘横纹头陷中，以手拱胸取之，主大肠之土。

12. 肘髎

在大骨外廉陷中。

13. 手五里

在肘上三寸，行向里大脉中处。

14. 臂臑

在肘上七寸，䐃肉端肩髃下一寸，两筋两骨罅陷宛宛中，举臂取之，此乃手阳明之络，手足太阳阳维之会也。

15. 肩髃

膊骨头尖端上，两骨罅陷宛宛中，举臂取之，有空，此乃手阳明、阳跷之会。

16. 巨骨

在肩尖端，上行两叉骨罅间陷中。

17. 天鼎

在颈缺盆上，直扶突后一寸四分处。

18. 扶突

在气舍上一寸五分，在颈当曲颊下一寸五分。

19. 迎香

在禾髎上一寸五分，在颈当曲颊下一寸，人迎后一寸五分处，仰而取之。

20. 禾髎

在鼻孔下，侠水沟旁五分。

三、属于足阳明胃经之穴

1. 承泣

在目下七分，直瞳子陷中。

2. 四白

在目下一寸，直于瞳子。

3. 巨髎

在侠鼻孔旁八分，直瞳孔下平水沟之处。

4. 地仓

在侠口吻旁四寸处，外延下有动脉。

5. 大迎

在曲颌前一寸二分处骨陷中动脉。

6. 颊车

在耳下八分，曲颊端近前陷中。

7. 下关

在客主人下，耳前动脉下廉，开口则空，闭口则合，亦足阳明少阳之所会焉。

8. 头维

在额角入发之际，本神旁一寸五分，神庭旁四寸五分处，为足阳明少阳之所会。

9. 人迎

在颈部，结喉旁，当胸锁乳突肌的前缘，颈总动脉搏动处。

10. 水突

在颈大筋前，直人迎下，气舍上三分处。

11. 气舍

在颈直人迎下，侠水突陷中。

12. 缺盆

在锁骨上窝中央，距正前中线四寸。

13. 气户

在巨骨下俞府两旁，各二寸陷中，去中行各四寸。

14. 库房

在气户下一寸六分陷中，去中行各四寸。

15. 屋翳

在库房下一寸六分陷中，去中行各四寸。

16. 膺窗

在屋翳下一寸六分陷中，去中行各四寸。

17. 乳中

在乳之居中，即乳头之所在也。

18. 乳根

在乳中下一寸六分，去胸中行各四寸。

19. 不容

在幽门之下，相去一寸五分，去中行各三寸。

20. 承满

在不容下一寸，去中行各三寸。

21. 梁门

在承满下一寸，去中行各三寸。

22. 关门

在梁门下一寸，去中行各三寸。

23. 太乙

在关门下一寸，去中行各三寸。

24. 滑肉门

在太乙下一寸，去中行各三寸。

25. 天枢

在肓俞旁，脐中两旁各二寸。

26. 外陵

在天枢下一寸，去中行各二寸。

27. 大巨

在外陵下一寸，去中行各二寸。

28. 水道

在大巨下三寸，去中行各二寸。

29. 归来

在水道下二寸，去中行各二寸。

30. 气冲

在归来下一寸，去中行各二寸，动脉应手宛宛中，而冲脉所起之处。

31. 髀关

在伏兔后交纹中。

32. 伏兔

在膝上六寸处（按：以左右各三指按捺其上，有肉起如兔状，故名）。

33. 阴市

在膝上五寸，伏兔下陷中。

34. 梁丘

在膝上二寸，两筋之间。

35. 犊鼻

在髌膝下，胻骨上，侠解大筋陷中。

36. 足三里

在膝下三寸，胻骨外廉，大筋内宛宛中，两筋肉分间。

37. 上巨虚

在小腿前外侧，当犊鼻下六寸，距胫骨前缘一横指（中指）。

38. 条口

在下廉上一寸处。

39. 下巨虚

在小腿前外侧，当犊鼻下九寸，距胫骨前缘一横指（中指）。

40. 丰隆

在外踝上八寸，下胻外廉陷中，足阳明络别走太阴。

41. 解溪

在冲阳后一寸，腕上陷中，足大趾次趾直上，跗上陷者宛宛中。

42. 冲阳

在足跗上五寸，去陷谷三寸骨间。

43. 陷谷

在足大趾次趾外间，本节后陷中，去内庭二寸。

44. 内庭

在足大趾次趾外间陷中。

45. 厉兑

在足大趾次趾之端，去爪甲角如韭叶。

四、属于足太阴脾经之穴

1. 隐白

在足大趾端内侧，去爪甲角如韭叶，主脾之木。

2. 大都

在足大趾本节后，内侧陷中，骨缝赤白肉际，主脾之火。

3. 太白

在足大趾内侧，内踝前核骨下陷中，主脾之土。

4. 公孙

在足大趾本节后一寸内踝前，足太阴脉络，别去阳明胃经。

5. 商丘

在足内踝下，微前陷中，前有中封，后有照海，此穴居中，主脾之金。

6. 三阴交

在内踝上三寸，骨下陷中，为足太阴少阴厥阴之所会。

7. 漏谷

在内踝上六寸胻骨下陷中。

8. 地机

在膝下五寸，膝内侧辅骨下陷中。

9. 阴陵泉

在膝下内侧辅骨下陷中，伸足取之，在膝横纹头下，主脾之水。

10. 血海

在膝髌上内廉白肉际二寸半处。

11. 箕门

在鱼腹上越筋间。

12. 冲门

在府舍下一寸，横骨两端，约中动脉，去腹中行各四寸半。

13. 府舍

在腹结下二寸，去腹中行各四寸半处。

14. 腹结

在大横下一寸三分，去腹中行各四寸半处。

15. 大横

在腹哀下三寸五分，去腹中行各四寸半处。

16. 腹哀

在上腹部，当脐中上三寸，距前正中线六寸。

17. 食窦

在天溪下一寸六分，去胸中行各六寸处。

18. 天溪

在胸外侧部，当第四肋间隙，距前正中线六寸。

19. 胸乡

在周荣下一寸六分，去胸中行各六寸处。

20. 周荣

在中府下一寸六分，去胸中行各六寸处。

21. 大包

在渊液下三寸，为脾之大络，而统阴阳诸络者。

五、属于手少阴心经之穴

1. 极泉

在臂内腋下，筋间，动脉入胸处。

2. 青灵

在肘上三寸处。

3. 少海

在肘内廉泉节后，大骨外去肘端五分处。

4. 灵道

在掌后一寸五分处。

5. 通里

在掌后一寸陷中。

6. 阴郄

在掌后脉中，去腕五分处。

7. 神门

在掌后锐端骨陷中。

8. 少府

第四、五掌骨之间，握拳时，当小指处。

9. 少冲

在手小指内侧，去爪甲角如韭叶处。

六、属于手太阳小肠经之穴

1. 少泽

在手小指端外侧，去爪甲角下一分陷中，主小肠之金。

2. 前谷

在手小指外侧，本节前陷中，主小肠之水。

3. 后溪

在手小指外侧，本节后陷中，主小肠之木。

4. 腕骨

在手外侧腕前，起骨下陷中，此为小肠之原穴。

5. 阳谷

在手外侧腕中，锐骨下陷中，主小肠之火。

6. 养老

在踝骨前，上后一寸陷中。

7. 支正

在腕后五寸处。

8. 小海

在肘大骨外，去肘端五分陷中，主小肠之土。

9. 肩贞

在曲髀下两骨解间，颙后陷中。

10. 臑俞

在侠肩髎后大骨下，胛上廉陷中。

11. 天宗

在秉风后，大骨下，陷中。

12. 秉风

在天髎外肩上，小颙后，举臂有空处。

13. 曲垣

在肩中央，曲髀陷中。

14. 肩外俞

在肩髀上廉，去脊中三寸陷中。

15. 肩中俞

在肩髀内廉，去脊二寸陷中。

16. 天窗

在颈大筋间，前曲颊下，扶突后，动脉应手陷中。

17. 天容

在耳下曲颊后。

18. 颧髎

在面鸠骨下廉，锐骨端陷中。

19. 听宫

在耳中，其浑如珠，其大如赤豆，为手足少阳、手太阳三脉之会。

七、属于足太阳膀胱经之穴

1. 睛明

在目内眦头外一分宛宛中，为手足太阳、足阳明、阴阳跷五脉之所会。

2. 攒竹

在两眉头陷中。

3. 眉冲

在直眉头上，神庭曲差之间。

4. 曲差

在神庭旁一寸五分，入发之际。

5. 五处

在侠上星旁一寸五分处。

6. 承光

在五处后一寸五分处。

7. 通天

在承光后一寸五分处。

8. 络却

在通天后一寸五分处。

9. 玉枕

在通天后一寸五分，侠脑户旁一寸三分，起玉枕骨，上入发际二寸。

10. 天柱

在侠项后发际，大筋外廉陷中。

11. 大杼

在项后第一椎下，两旁去脊各一寸五分陷中。

12. 风门

在项后第二椎下，两旁去脊各一寸五分。

13. 肺俞

在第三椎下两旁，离脊各一寸五分。

14. 厥阴俞

在第四椎下两旁，离脊各一寸五分。

15. 心俞

在第五椎下两旁，离脊各一寸五分。

16. 督俞

在第六椎下两旁，离脊各一寸五分。

17. 膈俞

在第七椎下两旁，离脊各一寸五分。

18. 肝俞

在第九椎下两旁，离脊各一寸五分。

19. 胆俞

在第十椎下两旁，离脊各一寸五分。

20. 脾俞

在第十一椎下两旁，离脊各一寸五分。

21. 胃俞

在第十二椎下两旁，离脊各一寸五分。

22. 三焦俞

在第十三椎下两旁，离脊各一寸五分。

23. 肾俞

在第十四椎下两旁，离脊各一寸五分。

24. 气海俞

在第十五椎下两旁，离脊各一寸五分。

25. 大肠俞

在第十六椎下两旁，离脊各一寸五分。

26. 关元俞

在第十七椎下两旁，离脊各一寸五分。

27. 小肠俞

在第十八椎下两旁，离脊各一寸五分。

28. 膀胱俞

在第十九椎下两旁，离脊各一寸五分。

29. 中膂俞

在第二十椎下两旁，离脊各一寸五分。

30. 白环俞

在第二十一椎下两旁，离脊各一寸五分。

31. 上髎

在第一空腰髁下一寸，侠脊陷中。

32. 次髎

在第二侠脊空陷中。

33. 中髎

在第三侠骨空陷中。

34. 下髎

在第四空侠骨两旁。

35. 会阳

尾骨端旁半寸。

36. 承扶

在尻臀下阴股上纹中。

37. 殷门

在浮郄下一寸处。

38. 浮郄

在委阳穴上一寸，股二头肌腱内侧缘。

39. 委阳

在承扶下六寸处。

40. 委中

在腘中尖约纹动脉中。

41. 附分

在第二椎下，附项内廉两旁，去脊各三寸。

42. 魄户

在直附分下，三椎下两旁，去脊三寸处。

43. 膏肓

在第四椎下一分，第五椎上二分，两旁去脊各二寸。

44. 神堂

在第五椎上二分两旁，去脊各三寸。

45. 谚嘻

在肩膊内廉侠，第六椎下两旁，去脊各三寸。

46. 膈关

在第七椎下两旁，去脊二寸。

47. 魂门

在第九椎下两旁，去脊三寸。

48. 阳纲

在第十椎下两旁，去脊三寸。

49. 意舍

在第十一椎下两旁，去脊三寸。

50. 胃仓

在第十二椎下两旁，去脊三寸。

51. 肓门

第一腰椎棘突下，旁开三寸。

52. 志室

在第十四椎下两旁，去脊三寸。

53. 胞肓

在第十九椎下两旁，去脊三寸。

54. 秩边

在第二十椎下两旁，去脊三寸。

55. 合阳

在约纹下三寸之处。

56. 承筋

在腨肠中央陷中。

57. 承山

在锐腨肠下分肉间陷中。

58. 飞扬

在外踝骨上七寸之处。

59. 跗阳

在外踝骨上三寸处。

60. 昆仑

在足外踝后五分，跟骨上陷中。

61. 仆参

在足跟骨下陷中。

62. 申脉

在外踝下五分陷中。

63. 金门

在外踝下少丘墟之后。

64. 京骨

在足外侧大骨下，赤白肉际陷中。

65. 束骨

在足小趾外侧本节后，赤白肉际陷中。

66. 足通谷

在足小趾外侧，本节前陷中。

67. 至阴

在足小趾外侧，去爪甲角如韭叶处。

八、属于足少阴肾经之穴

1. 涌泉

在足心陷中，屈足卷趾宛宛中，主肾之木。

2. 然谷

在足内踝前起大骨下陷中，主肾之火。

3. 太溪

在足内踝后五分，跟骨动脉陷中，主肾之土。

4. 大钟

在足跟后踵中，大骨上，两筋间。

5. 水泉

在大溪下一寸，内踝下。

6. 照海

在足内踝四分，前后有筋，阴跷脉生处。

7. 复溜

在足内踝上二寸，筋骨陷中，主肾之金。

8. 交信

在足内踝上二寸处。

9. 筑宾

在内踝上腨分中。

10. 阴谷

在膝内辅骨后，大筋下，小筋上，屈膝斯得，主肾之水。

11. 横骨

在大赫下一寸，阴上横骨中。

12. 大赫

在气穴下一寸，去腹中行一寸处。

13. 气穴

在四满下一寸，去腹中行一寸处。

14. 四满

在中注下一寸，去腹中行一寸处。

15. 中注

在肓俞下一寸，去腹中行一寸处。

16. 肓俞

在商曲下一寸，去腹中行一寸处。

17. 商曲

在石关下一寸，去腹中行一寸五分处。

18. 石关

脐中上三寸，前正中线旁开半寸。

19. 阴都

在通谷下一寸，去腹中行一寸五分处。

20. 腹通谷

在幽门下一寸，去腹中行一寸五分处。

21. 幽门

在侠巨关两旁一寸五分陷中。

22. 步廊

在神封下一寸六分陷中，去胸中行二寸处。

23. 神封

在灵墟下一寸六分陷中，去胸中行二寸处。

24. 灵墟

在神藏下一寸六分陷中，去胸中行二寸处。

25. 神藏

在彧中下一寸六分，去胸中行二寸处。

26. 彧中

在俞府下一寸六分，去胸中行二寸处。

27. 俞府

在气舍下，璇玑旁，二寸陷中。

九、属于手厥阴心包络经之穴

1. 天池

在腋下三寸，乳后一寸，着肋、直腋、撅筋之间。

2. 天泉

在曲肘下二寸处。

3. 曲泽

在肘内廉陷中，天筋内侧横纹中。

4. 郄门

在掌后去腕五寸处。

5. 间使

在掌后三寸，两筋间陷中。

6. 内关

在掌后去腕二寸处两筋间。

7. 大陵

在掌后骨下，两筋间陷中。

8. 劳宫

在掌中央动脉，屈中指无名指两间。

9. 中冲

在手中指端，去爪甲如韭叶之陷中。

十、属于手少阳三焦经之穴

1. 关冲

在手小指次指外侧，去爪甲角如韭叶处。

2. 液门

在小指次指歧出处之陷中。

3. 中渚

在手小指次指本节后陷中。

4. 阳池

在手表腕上陷中。

5. 外关

在腕后二寸，两骨之间，与内关相对。

6. 支沟

在腕后臂外三寸处两骨间陷中。

7. 会宗

在腕后三寸空中。

8. 三阳络

在臂上大交脉支沟上一寸处。

9. 四渎

在肘前五寸，外廉陷中。

10. 天井

在肘外大骨后，肘上一寸，辅骨上，两筋叉骨罅中。

11. 清冷渊

在肘上二寸处。

12. 消泺

在肩下臂外间，腋斜肘分下处。

13. 臑会

在肩前廉，去肩头三寸宛宛中。

14. 肩髎

在肩端臑正陷中。

15. 天髎

在肩缺盆中，上毖骨际陷中，须缺盆陷处，上有空起肉者是穴。

16. 天牖

在颈大筋外缺盆上，天容后，天柱前；腕骨下，发际上。

17. 翳风

在耳后尖角陷中。

18. 瘈脉

在耳本之后鸡足青络脉处。

19. 颅息

在耳后间青络脉中。

20. 角孙

在耳尖直上入发际处。

21. 耳门

在耳前缺陷中。

22. 耳和髎

在耳前锐发下横动脉中。

23. 丝竹空

在眉毛外端凹陷处。

十一、属于足少阳胆经之穴

1. 瞳子髎

在目外去眦五分处。

2. 听会

在耳微前，陷中，上关下一寸动脉宛宛中。

3. 上关

在耳前，颧弓上缘凹陷处。

4. 颔厌

在曲周下颞颥上廉。

5. 悬颅

在曲周下颞颥中廉。

6. 悬厘

在曲周上颞颥下廉。

7. 曲鬓

在耳上发际，曲隅陷中，鼓颔有空。

8. 率谷

在耳上发际寸半陷处宛宛中。

9. 天冲

在耳后发际二寸，耳上各前三分。

10. 浮白

在耳后发际一寸处。

11. 头窍阴

在完骨上，枕骨下，动摇有空者是。

12. 完骨

在耳后，入发际四分处。

13. 本神

在曲差旁一寸五分，直耳上发际四分处。

14. 阳白

在眉上一寸，与瞳子对直。

15. 头临泣

在目上直入发际五分处陷中。

16. 目窗

在临泣后一寸五分处。

17. 正营

在目窗后一寸五分处。

18. 承灵

在正营后一寸五分处。

19. 脑空

在承灵后一寸五分，侠玉枕骨下陷中。

20. 风池

在耳后颞颥后，脑空下发际陷中。

21. 肩井

在肩上陷中，缺盆上，大骨前一寸五分处。

22. 渊液

在腋下三寸宛宛中。

23. 辄筋

在腋下三寸，复前一寸，三肋端横直蔽骨旁七寸五分处。

24. 日月

在期门下五分处。

25. 京门

在监骨下腰中季肋处。

26. 带脉

在季肋下一寸八分陷中，脐上二分，两旁各七寸五分。

27. 五枢

在带脉下三寸，水道旁五寸五分处。

28. 维道

在章门下五寸三分处。

29. 居髎

在章门下八寸三分处，监骨上陷中。

30. 环跳

在髀枢中。

31. 风市

在膝上外廉两筋间。

32. 中渎

在髀外膝上五寸，分肉间陷中。

33. 膝阳关

在阳陵泉上三寸，犊鼻外陷中。

34. 阳陵泉

在膝下一寸，胻外廉陷中。

35. 阳交

在足踝上七寸，斜属三阳分肉之间。

36. 外丘

在足外踝上七寸处。

37. 光明

在足外踝上五寸处。

38. 阳辅

在足外踝上四寸，辅骨前，绝骨端，上去丘墟七寸处。

39. 悬钟

在足外踝上三寸动脉中。

40. 丘墟

在足外踝下从前陷骨缝中。

41. 足临泣

在足小趾次趾本节后陷中，去侠溪一寸五分处。

42. 地五会

在足小趾次趾本节后陷中，去侠溪一寸一分处。

43. 侠溪

在足小趾次趾歧骨间，本节前陷中。

44. 足窍阴

在足小趾次趾外侧，爪甲角如韭叶处。

十二、属于足厥阴肝经之穴

1. 大敦

在足大趾端，去爪甲角如韭叶，及三毛中。

2. 行间

在足大趾缝间，动脉应手陷中。

3. 太冲

在足大趾本节后二寸，内间动脉，应手陷中。

4. 中封

在足内踝骨前一寸，筋里宛宛中。

5. 蠡沟

在足内踝上五寸处。

6. 中都

在足内踝上七寸处陷中。

7. 膝关

在犊鼻下二寸旁陷中。

8. 曲泉

在膝股上内侧，辅骨下，大筋上，小筋下陷中。

9. 阴包

在膝上四寸，股内廉两筋间。

10. 足五里

在气冲下三寸处，阴股中动脉应手处。

11. 阴廉

在羊矢下，去气冲二寸动脉中。

12. 急脉

在股动脉搏动处，前正中线旁开二寸半。

13. 章门

在大横外直，季胁肋端，膈脐上二寸，两旁各六寸。

14. 期门

在直乳二肋端，不容旁一寸五分处。

十三、属于任脉经之穴

1. 会阴

在两阴之间，任、督、冲三脉所起之处。

2. 曲骨

在横骨上，中极下一寸毛际陷中。

3. 中极

在关元下一寸，脐下四寸处。

4. 关元

在肚脐下三寸处。

5. 石门

在肚脐下二寸处。

6. 气海

在肚脐一寸五分宛宛中。

7. 阴交

在脐下一寸，当膀胱之上。

8. 神阙

在脐之中央。

9. 水分

在下脘下一寸，脐上一寸处。

10. 下脘

在建里下一寸，脐上二寸处。

11. 建里

在中脘下一寸，脐上三寸处。

12. 中脘

在上脘下一寸，脐上四寸处。

13. 上脘

在巨阙下一寸，脐上五寸处。

14. 巨阙

在鸠尾下一寸处。

15. 鸠尾

在两歧骨下一寸处。

16. 中庭

在膻中下一寸六分处。

17. 膻中

在玉堂下一寸六分，横量两乳间陷中。

18. 玉堂

在紫宫下一寸六分陷中。

19. 紫宫

在胸部，前正中在线，平第二肋间。

20. 华盖

在璇玑下一寸六分陷中。

21. 璇玑

在天突下一寸六分陷中。

22. 天突

在颈结喉下一寸宛宛中。

23. 廉泉

在颈下结喉上中央。

24. 承浆

在唇棱下陷中。

十四、属于督脉经之穴

1. 长强

在脊骶骨端计三分处。

2. 腰俞

在第二十一椎下宛宛处。

3. 腰阳关

在第十六椎下。

4. 命门

在第十四椎下。

5. 悬枢

在第十三椎下。

6. 脊中

在第十一椎下。

7. 中枢

在背部，后正中在线，第十肋胸椎棘突下凹陷中。

8. 筋缩

在第九椎下。

9. 至阳

在第七椎下。

10. 灵台

在第六椎下。

11. 神道

在第五椎下。

12. 身柱

在第三椎下。

13. 陶道

在第一椎下。

14. 大椎

在第一椎上陷处宛宛中。

15. 哑门

在项后入发际五分，项中央宛宛处。

16. 风府

在项后入发际一寸，大筋内宛宛中。

17. 脑户

在枕骨上，强间后一寸五分处。

18. 强间

在后顶之后一寸五分处。

19. 后顶

在百会后一寸五分，枕骨之上。

20. 百会

在前顶后一寸五分，顶中央旋毛中。

21. 前顶

在囟会后一寸五分，骨门陷中。

22. 囟会

在上星后一寸陷中。

23. 上星

在神庭后入发际一寸陷中。

24. 神庭

在鼻直上入发际五分处。

25. 素髎

在鼻柱上端准头。

26. 水沟

在鼻柱下沟中央，近鼻孔陷中。

27. 兑端

在唇之上端。

28. 龈交

在唇内齿上龈缝中。

十五、属于冲脉经之穴

1. 幽门

在巨阙旁。

2. 通谷

在上脘旁。

3. 阴都

在通谷下。

4. 石关

在阴都下。

5. 商曲

在石关下。

6. 肓俞

在商曲下。

7. 中注

在肓俞下。

8. 四满

在中注下。

9. 气穴

在四满下。

10. 大赫

在气穴下。

11. 横骨

在大赫下。

十六、属于带脉经之穴

1. 带脉

在季肋下一寸八分处。

2. 五枢

在带脉下三寸处。

3. 维道

在章门下五寸三分处。

十七、属于阴维之穴

1. 筑宾

在足内踝之上。

2. 府舍

在腹结之下。

3. 大横

在腹哀之下。

4. 腹哀

在日月之下。

5. 期门

在两乳之下。

6. 天突

在结喉之下。

7. 廉泉

在结喉之上。

十八、属于阳维之穴

1. 金门

在足外踝下。

2. 阳交

在足外踝上。

3. 臑俞

在肩后胛上。

4. 臑会

在肩之前廉。

5. 天髎

在缺盆之上。

6. 肩井

在肩头之上。

7. 阳白

在肩之上部。

8. 本神

在曲差之旁。

9. 临泣

在两目之上。

10. 目窗

在临泣之后。

11. 正营

在目窗之后。

12. 承灵

在正营之后。

13. 脑空

在承灵之后。

14. 风池

在脑空之下。

15. 日月

在期门之下。

16. 风府

在项后大筋间。

17. 哑门

在项后之中央。

十九、属于阴跷之穴

1. 照海

在足内踝下。

2. 交信

在足内踝上。

二十、属于阳跷之穴

1. 申脉

在外踝之下。

2. 仆参

在跟骨之下。

3. 跗阳

在外跟之下。

4. 居髎

在章门之下。

5. 臑俞

在肩髃骨后，胛骨上廉。

6. 肩髃

在肩之端。

7. 巨骨

在肩之端。

8. 地仓

在口吻之旁。

9. 巨髎

在鼻之两旁。

10. 承泣

在目下相距七分处。

二十一、经外之奇穴

1. 内迎香

二穴，在鼻孔之中。

2. 鼻准

一穴，在鼻柱尖。

3. 耳尖

二穴，在耳尖上，卷耳取尖上是。

4. 聚泉

一穴，在舌尖上，当舌中，吐出舌中直有缝陷处。

5. 金津

一穴，在舌下左旁紫脉上。

6. 玉液

一穴，在舌下右旁紫脉上。

7. 鱼腰

二穴，在两眉之中间。

8. 海泉

一穴，在舌根底部。

9. 太阳

二穴，在眉梢两旁陷中，太阳紫脉之上。

10. 大骨空

一穴，在大拇指中节，屈指当骨尖陷中。

11. 中魁

二穴，在中指第二节骨尖。

12. 八风

二穴，在足趾歧骨间，左右各一。

13. 八邪

二穴，在手指歧骨间，左右各一。

14. 大都

二穴，在次指虎口赤白肉际。

15. 上都

二穴，在手食指中指本节歧骨间。

16. 中都

二穴，在手无名指本节歧骨间，又名液门。

17. 下都

二穴，在手小指本节后歧骨间。

18. 十宣

十穴，在手指头上，去爪甲角一分处，每指各一穴。

19. 五虎

四穴，在手食指及无名指第二节骨尖。

20. 肘尖

二穴，在手肘骨尖上。

21. 肩柱骨

二穴，在肩端起骨尖上。

22. 二白

四穴，在掌后横纹中，直上四寸，一手二穴（即郄门）。

23. 独阴

二穴，在足第二趾下横纹中。

24. 内踝尖

二穴，在足内踝骨尖。

25. 外踝尖

二穴，在外廉转筋。

26. 鬼眼

四穴，在手大指去爪甲如韭叶处。

27. 中泉

二穴，在手背腕中阳溪阳池之间陷中。

28. 小骨空

二穴，在手小指第二节尖上。

29. 印堂

二穴，在两眉中陷处。

30. 子宫

二穴，在中极两旁，各开三寸处。

31. 阑门

二穴，在曲泉两旁，各开三寸陷中。

32. 百虫窠

二穴，在膝内廉上三寸（即血海）。

以上诸穴道，其各经通行与别一经衔接会合之处甚多，且异位同名、异名同位，亦已屡见，其间加以分析，始足有效；否则盲人瞎马，欲寻经而无从矣。

第四节　气血与点穴之关系

人之一身，如一小天地也。各穴之分布于人体，如星辰之分布于太空；筋脉之贯通于全身，如山川之流行于大地；其余孔窍毛发之所被，则如草木生物杂生于天地之间，此为外表之征象。至于五脏合于五行之生克，十二经合于十二时之位置，各穴之合于周天定数，则人身固俨然一小天地矣。

考人之所以得生存者，全恃气与血。故医家云：气血为人生养命之源。其信然也。唯以其养命之源，故必视之极宝贵，而善为调摄，不容或有损害。如受损害，则养命源即伤，而生机亦因而绝。亦如山之崩、川之决，由小而大，以至于不可收拾；既不扩大，而损害之处，创亦必巨，欲平崩山，欲塞决川，亦非易也。

丹士之言曰，人身之有气血，犹天地间之有日月焉。日月为阴阳之表象，昼夜于以分也。日月者，亦所以使天地光明，世界有滋生而向荣之势；否则日月失其光明，则天地暝晦，生机灭而死机长矣。人身之气血，亦阴阳之所系焉。其流通无阻也，如日月之丽空，生机蓬勃，精神振而百邪远；若一日为外物所阻，流行不畅，则如日月之被蚀，足使光明顿失，而成暝晦之象，人身则病矣。故人身之于气血，犹天地之于日月，其重要固不待言也。

至于点穴之道，亦唯气血之所归。盖气之与血，各有一端，其流行也，固亦有一定之循径，而所经穴道，亦依次而至。而就其端而点之，则有如遏流，气血之端，既不能前行，而后面正涌至，则势必使全体失其功能，以至于或晕或哑，以及于死。若在气血中流而点之，为害虽不如上述之甚，则有如飞湍横流，于中流壅塞之。在前者固一瞬即逝，而在后者不能继至，至成首尾不能兼顾之局，亦足以使全身机枢失其功效。

故点穴者，实点于气血端之前，而使其不能通达，以影响于全身者也。亦如日月之被蚀，而不能显其光明，而成暝晦之象焉。夫此皆点穴与气血流行之关键，而非不治之症也；点穴而至于不治者，必在死穴。其穴本统司一身之机枢，在气血未注之时略有损伤，犹可借人力以医之；若气血方注于死穴之时，其人之所点，又为气血端之死穴，则虽华扁，无能为也。

故习点穴者，必先知穴之所在，而又必知血气之循行，然后施之，始克有效。

夫气血之流行，固有定时，某时在某处，某时入某经，初无略误。而点穴者于寻穴之外，又须依时。若时之未至，虽点无伤，气血未至也。若时之已过，虽点不效，气血已过也。而欲于不先不后、不偏不倚而点一穴，是其难固可知矣。无论如何，点穴者，必先知气血之元始。

一、十二经气血流注时辰歌解

（一）手太阴肺经穴歌

手太阴肺十一穴，中府云门天府诀。
侠白尺泽孔最存，列缺经渠太渊涉。

鱼际少商如韭叶。

此一经起于中府，终于少商。取少商、鱼际、太渊、经渠、尺泽。脉起于中焦，下络大肠，还循胃口，上膈属肺，从肺系横出腋下循臑内，行少阴心主之前，下肘中，循臂内上骨下廉，入寸口上鱼际，循鱼际大出指端。其支者，从腕后列缺穴，直出次指内廉出其端，交手阳明也。多气少血，寅时注此。（图2-5）

手太阴肺经

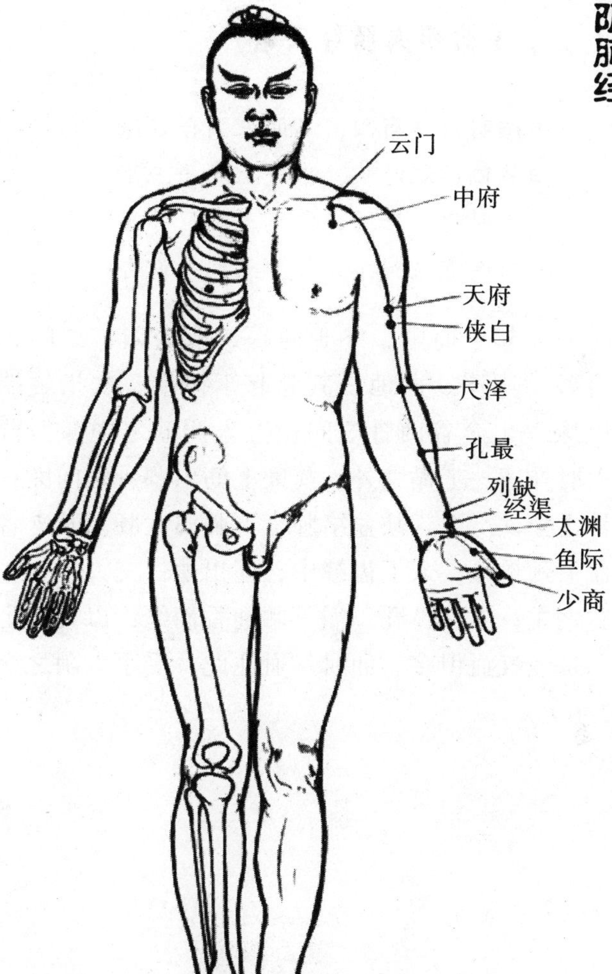

图2-5

（二）手阳明大肠经穴歌

手阳明穴起商阳，二间三间合谷藏。
阳溪偏历温溜长，下廉上廉手三里。
曲池肘髎五里近，臂臑肩髃巨骨当。
天鼎浮突禾髎接，鼻旁五色号迎香。

此一经起于商阳，终于迎香，取商阳、二间、三间、合谷、阳溪、曲池。其脉起于拇指、次指之端，循指上廉，出合谷两骨之间；上入两筋之中，循臂上廉，入肘外廉，上循臑外，前廉上筋出髃骨之前廉；上出柱骨之会，上下入缺盆络肺，下膈属大肠。其支者，从缺盆上颈贯颊，入下齿缝中，还出侠口交人中，左之右，右之左；上侠鼻孔，循禾髎迎香而终，以交于足阳明也。是经气血俱多，卯时气血注此，受手太阴之交。（图2-6）

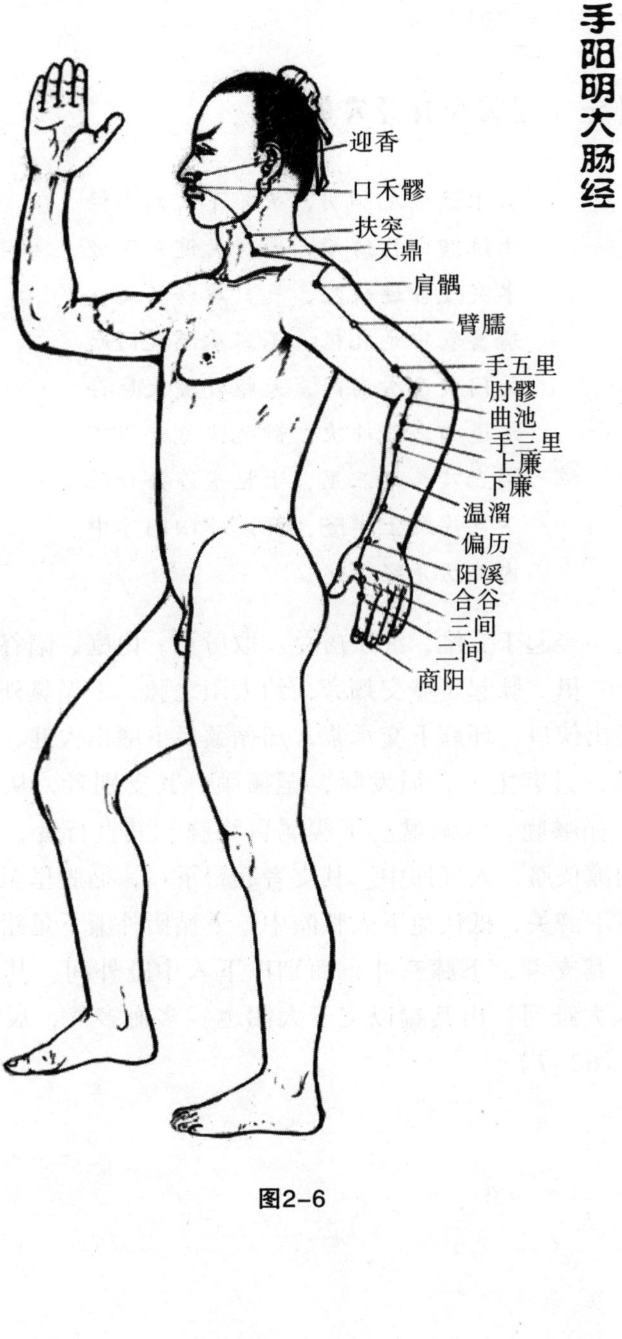

图2-6

（三）足阳明胃经穴歌

四十五穴足阳明，头维下关颊车停。
承泣四白巨髎经，地仓大迎对人迎。
水突气舍连缺盆，气户库房屋翳屯。
膺窗乳中延乳根，不容承满梁门起。
关门太乙滑肉门，天枢外陵大巨存。
水道归来气冲次，髀关伏兔走阴市。
梁丘犊鼻足三里，上巨虚连条口位。
下巨虚跳上丰隆，解溪冲阳陷谷中。
内庭厉兑经穴终。

此一经起于头维，终于厉兑。取厉兑、内庭、陷谷、冲阳、解溪、三里。脉起于鼻交頞旁，约太阳之脉，下循鼻外，上入齿里，还出侠口，环唇下交承浆，却循颐后下廉出大迎，循颊车，上耳前，过客主人，循发际，至额颅。其支别者，从大迎前下人迎，循喉咙，入缺盆。下膈属胃络脾。其直行者，从缺盆下乳，内廉侠脐，入气冲中。其支者起胃下口，循腹里至下气冲而合，以下髀关，抵伏兔下入膝髌中，下循胻外廉下足跗，入中指外间。其支者，下膝三寸，而别以下入中趾外间。其支者，别跗上入大趾间，出其端以交于太阴也。多血多气，辰时气血注此。（图2–7）

足阳明胃经

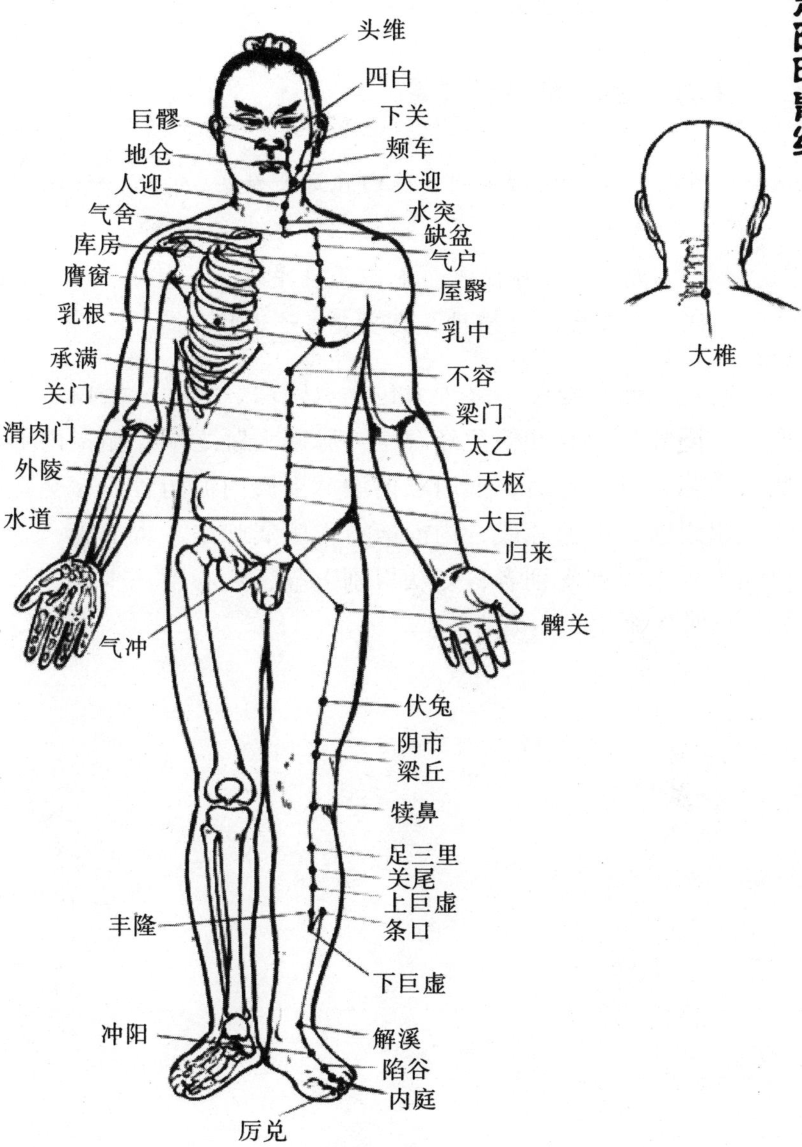
头维
四白
下关
颊车
大迎
水突
缺盆
气户
屋翳
乳中
不容
梁门
太乙
天枢
大巨
归来
髀关
伏兔
阴市
梁丘
犊鼻
足三里
关尾
上巨虚
条口
下巨虚
解溪
陷谷
内庭
厉兑
巨髎
地仓
人迎
气舍
库房
膺窗
乳根
承满
关门
滑肉门
外陵
水道
气冲
丰隆
冲阳
大椎

图2-7

（四）足太阴脾经穴歌

二十一穴髀中州，隐白在足大趾头。
大都太白公孙盛，商丘三阴交可求。
漏谷地机阴陵泉，血海箕门冲门开。
府舍腹结大横排，腹哀食窦连天溪。

此一经起于隐白，终于大包。取隐白、大都、大白、商丘、阴陵泉，与并荣俞经合也。脉起大趾之端，循指内侧白肉际，过窍骨后，上内踝前廉。下腨内循胻骨后，交出厥阴之前，上循膝股，内前廉，入腹属脾络，胃上膈，侠咽入舌本。其支别者，复从胃别上膈，注心中。少血少气，巳时气血注此。（图2-8）

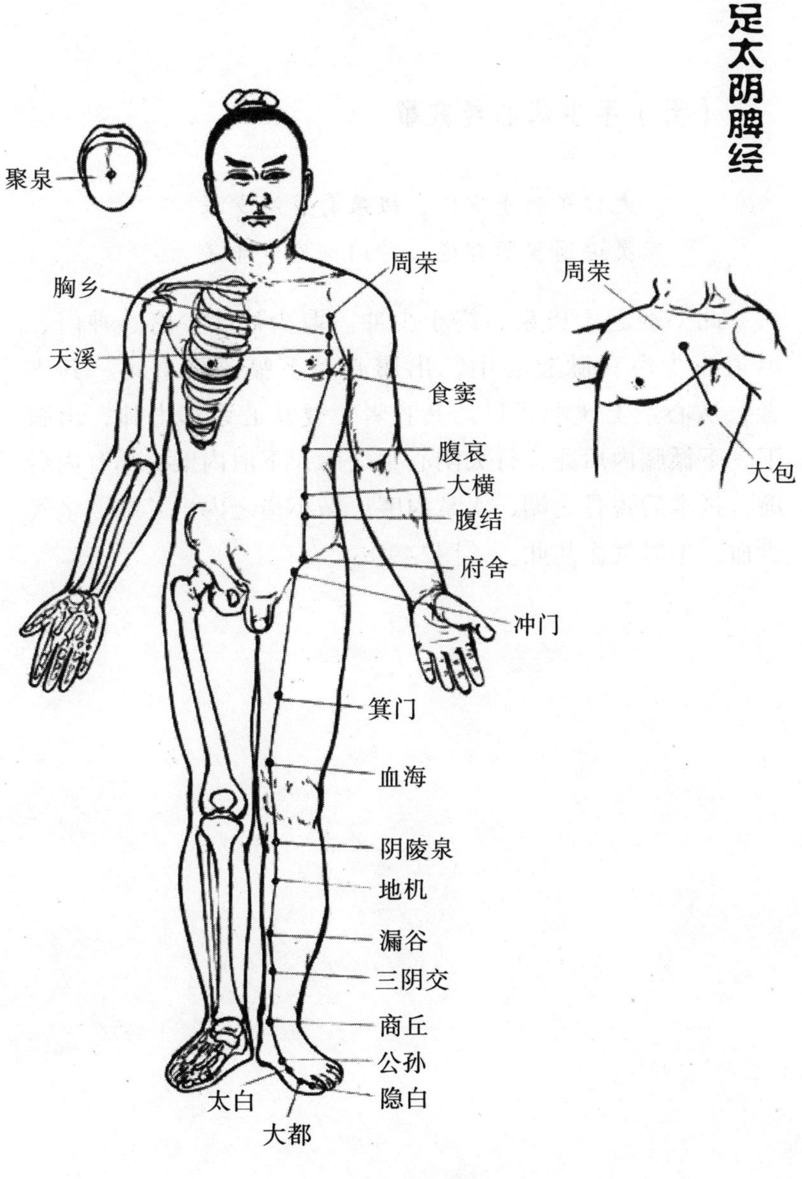
足太阴脾经
聚泉
周荣
胸乡
天溪
食窦
腹哀
大横
腹结
府舍
冲门
箕门
血海
阴陵泉
地机
漏谷
三阴交
商丘
公孙
隐白
太白
大都
周荣
大包

图2-8

（五）手少阴心经穴歌

九穴午时手少阴，极泉青灵海少深。
灵道通里阴郄遂，神门少府少冲寻。

此一经起于极泉，终于少冲。取少冲、少府、神门、灵道、少海。脉起心中，出属心系下膈，络小肠。其支者，从心系上侠咽系目。其直者，复从心系郄上肺，出腋下，下循臑内后廉，行太阴心主之后，下肘内廉，循臂内后廉，抵掌后锐骨之端，入掌内廉，循小指之内出其端。多气少血，午时气血注此。（图2-9）

手少阴心经

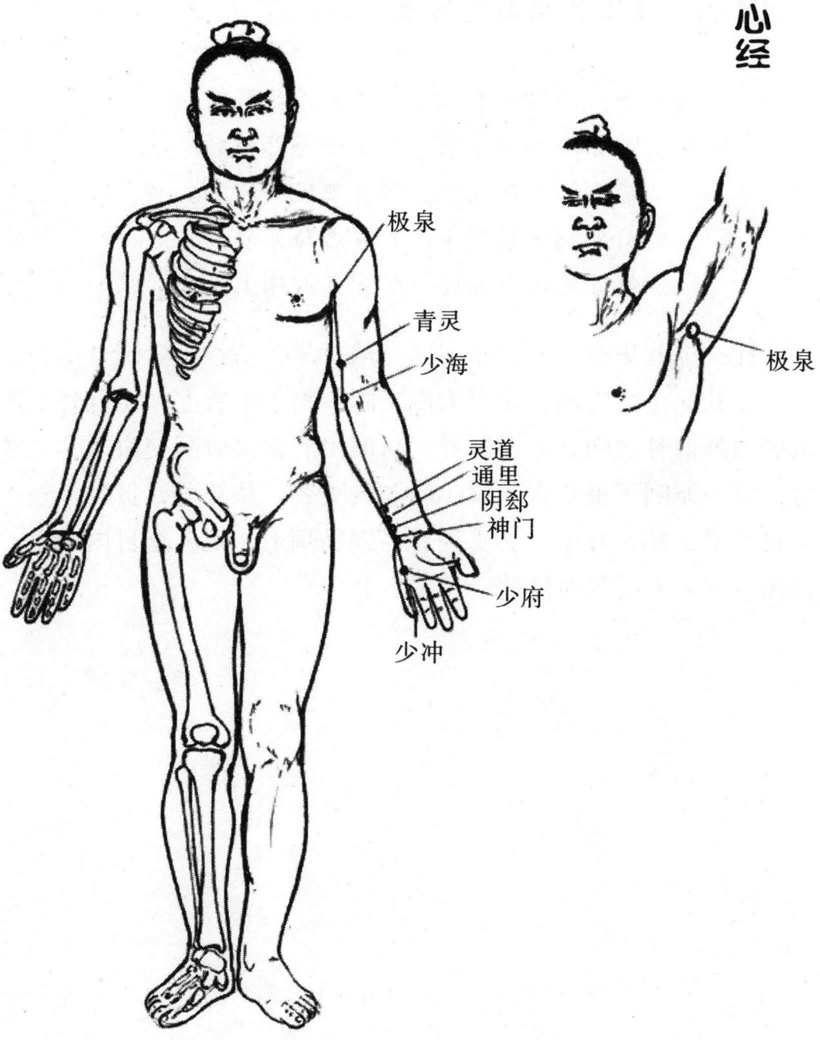

图2-9

（六）手太阳小肠经穴歌

手太阳穴一十九，少泽前谷后溪薮。
腕骨阳谷养老绳，支正小海外辅肘。
肩贞臑俞接天宗，髎外秉风曲垣首。
肩外俞连肩中俞，天窗乃与天容偶。
锐骨之端上颧髎，听宫耳前珠上走。

此一经起于少泽，终于听宫。取少泽、前谷、后溪、阳谷、小海。脉起小指之端，循手大侧上腕，出手中直上，循臂骨下廉出肘内侧两骨之间，上循臑外，后廉出肩解绕肩胛交肩上，入缺盆，络心循咽下抵膈胃，属小肠。其支者，从缺盆，贯颈上颊，至目锐眦，却入耳中。其支别者，别循颊上，抵鼻至目内眦也。多血少气，未时气血注此。（图2-10）

手太阳小肠经

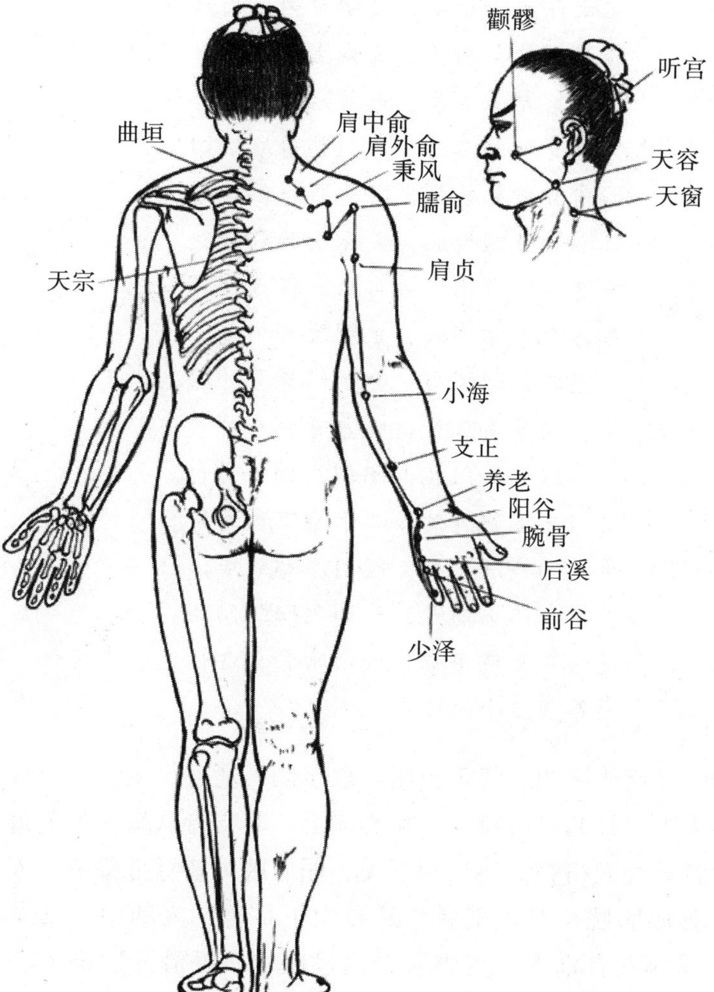

图2-10

（七）足太阳膀胱经穴歌

足太阳经六十七，睛明目内红肉藏。
攒竹眉冲与曲差，五处上寸半承光。
通天络却玉枕昂，天柱后际大筋外。
大杼背部第二行，风门肺俞厥阴四。
心俞肾俞膈腧强，肝胆脾胃俱挨次。
三焦肾气海大肠，关元小肠到膀胱。
中膂白环仔细量，自从大杼至白环。
各各节外寸半长，上髎次髎中复下。
一空二空腰踝当，会阴阳尾骨外取。
附分侠脊第三行，魄户膏肓与神堂。
譩嘻膈关魂门九，阳纲意舍乃胃仓。
肓门志室胞肓续，二十椎下秩边场。
承扶肾横纹中央，殷门浮郄到委阳。
委中合阳承筋是，承山飞阳踝阳跗。
昆仑仆参连申脉，金门京骨束骨忙。
通谷阴至小趾旁。

此一经起于睛明，终于至阴。取至阴、通谷、束骨、京骨、昆仑、委中。脉起目内眦，上额交巅上。其支者从巅至耳上角。其直行者从巅入络脑，还出别下项，循肩膊内侠脊抵腰中，入循肾络，肾属膀胱。其支别者，从腰中下贯臀，入腘中。其支别者，从膊内左右别下，贯胛侠脊内过髀枢，循髀外后廉下合腘中，以下贯腨，出外踝之后，循京骨，至小趾外侧端。多血少气，申时气血注此。（图2-11）

足太阳膀胱经

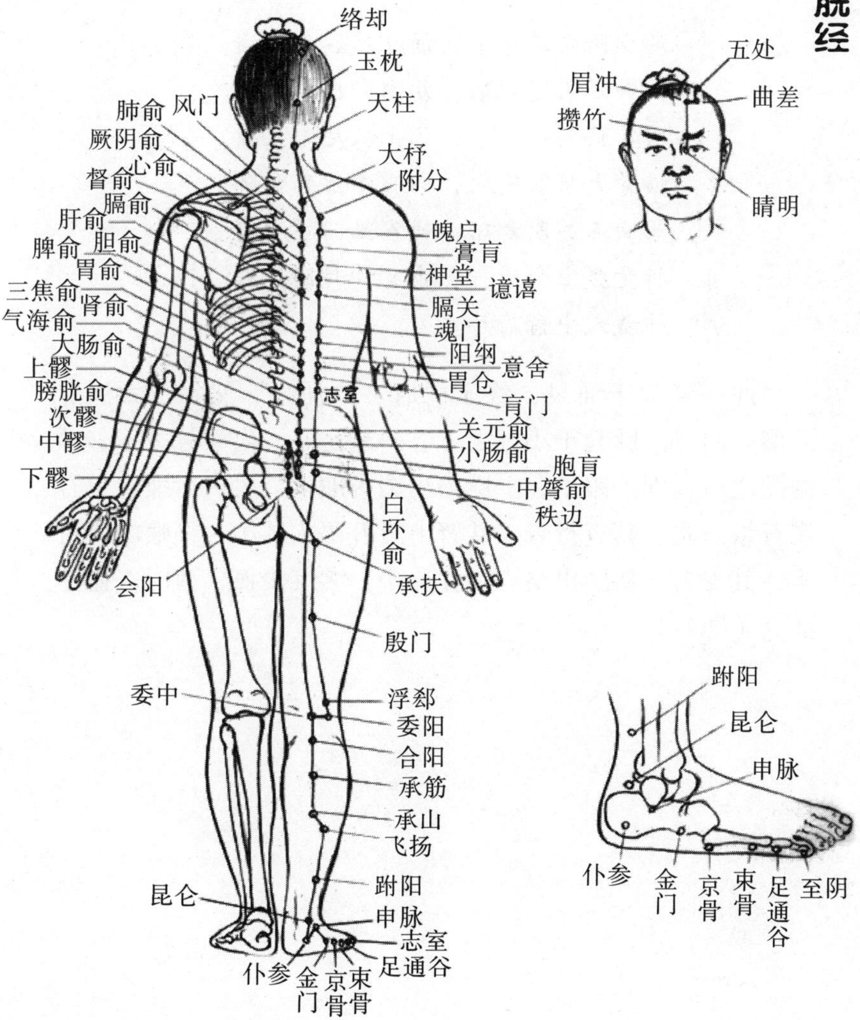
络却
玉枕
天柱
肺俞
风门
厥阴俞
心俞
督俞
膈俞
肝俞
胆俞
脾俞
胃俞
三焦俞
肾俞
气海俞
大肠俞
上髎
膀胱俞
次髎
中髎
下髎
会阳
大杼
附分
魄户
膏肓
神堂
譩譆
膈关
魂门
阳纲
意舍
胃仓
志室
肓门
关元俞
小肠俞
胞肓
中膂俞
秩边
白环俞
承扶
殷门
委中
浮郄
委阳
合阳
承筋
承山
飞扬
跗阳
昆仑
申脉
志室
足通谷
仆参
金门
京骨
束骨
五处
眉冲
曲差
攒竹
睛明
跗阳
昆仑
申脉
仆参
金门
京骨
束骨
足通谷
至阴

图2-11

（八）足少阴肾经穴歌

足少阴穴二十七，涌泉然谷太溪溢。
大钟水泉通照海，复溜交信筑宾实。
阴谷膝内跗骨后，已上从足走至膝。
横骨大赫联气穴，四满中注肓俞脐。
商曲石关阴都密，通谷幽门寸半辟。
折量腹上分十一，步廊神封阴灵墟。
神藏彧中俞府毕。

此一经起于涌泉，终于俞府。取涌泉、然谷、太溪、后溜、阴谷。脉起于小趾之下，斜趋足心，出然骨之下，循内踝之后，别入跟中，上腨内出腘内廉上，股内后廉，贯脊属肾络膀胱。其直行者，从肾上贯肝膈入肺中，循喉咙侠舌本。其支者，从肺出络心，注胸中。多气少血，酉时气血注此。（图2-12）

足少阴肾经

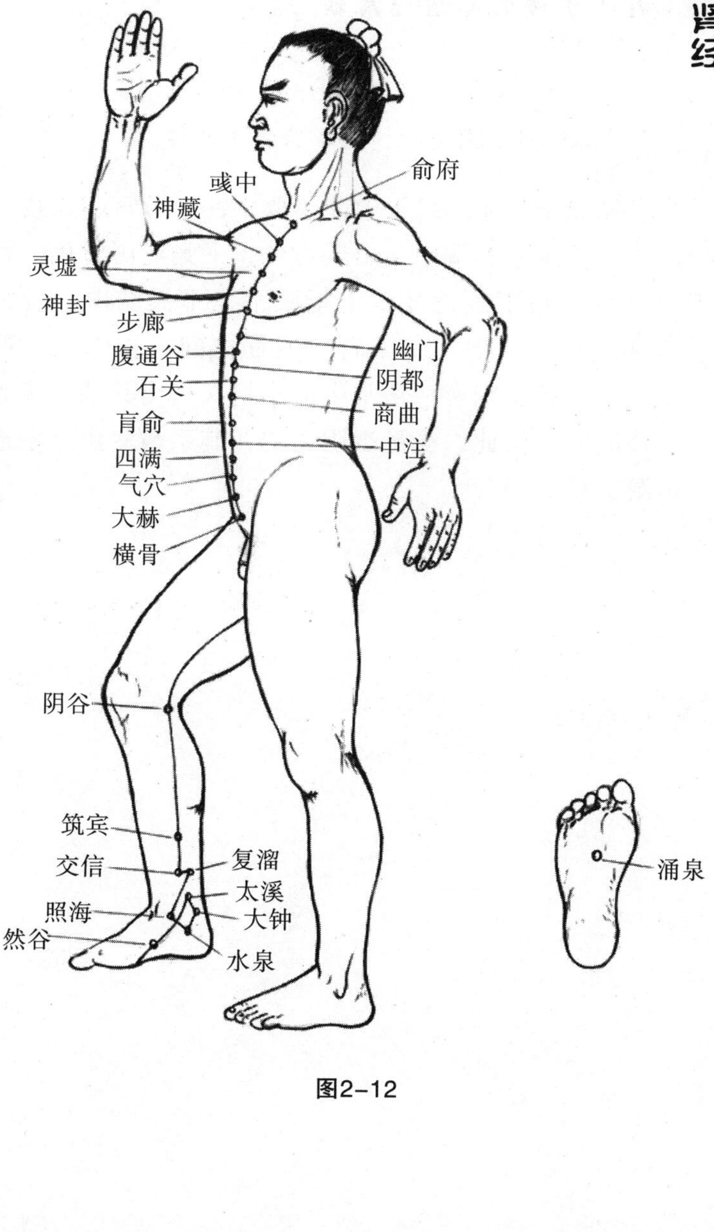
俞府
彧中
神藏
灵墟
神封
步廊
腹通谷
幽门
石关
阴都
商曲
肓俞
中注
四满
气穴
大赫
横骨
阴谷
筑宾
交信
复溜
太溪
照海
大钟
然谷
水泉
涌泉

图2-12

（九）手厥阴心包经穴歌

九穴心包手厥阴，天池天泉曲泽深。
郄门间使内关对，大陵劳宫中冲侵。

此一经起于天池，终于中冲。取中冲、劳宫、大陵、间使、曲泽。脉起于胸中，出属心包，下膈应历三焦。其支者，从胸出胁下腋三寸，上抵腋下，下循臑内，行太阴、少阴之间，入肘中，下臂行两筋之间，入掌中，循中指出其端。其支别者，从掌中循小指次指出其端。多血少气，戌时气血注此。受足少阴之交，其系与三焦之系连属。（图2-13）

手厥阴心包经

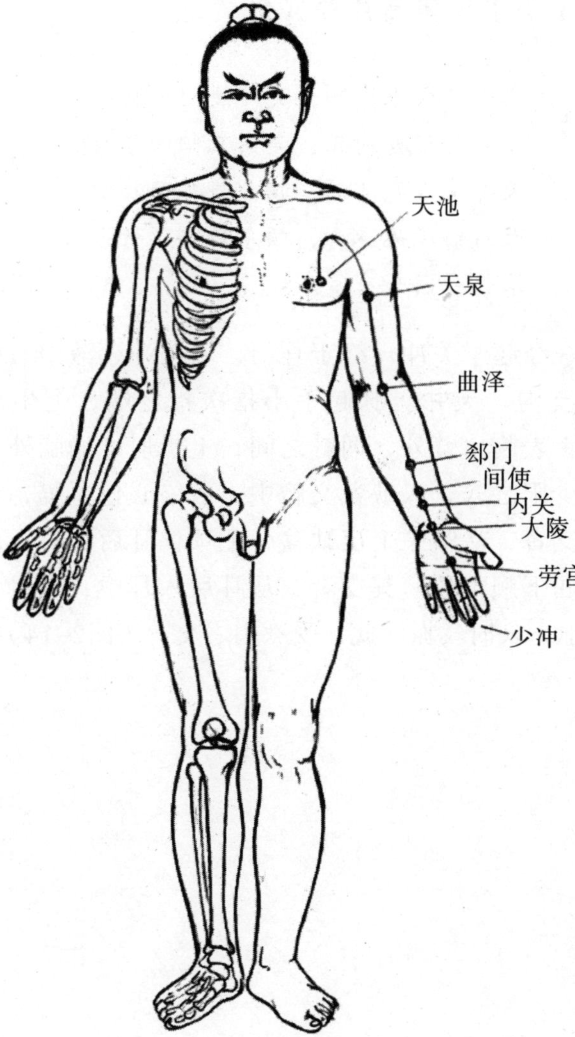

图2–13

（十）手少阳三焦经穴歌

二十三穴手少阳，关冲液门中渚旁。
阳池外交支沟正，会宗三阳四渎长。
天井清冷渊消泺，臑会肩髎天髎堂。
天窗翳风瘈脉青，颅息角孙丝竹张。
禾髎耳门听有常。

此一经起于关冲，终于耳门，取关冲、液门、中渚、阳池、支沟、天井。脉起手小指次指之端，上出次指之间，循手表腕出臂外，两骨之间，上贯肘，循臑外上肩，交出足少阳之穴，入缺盆交膻中，散络心包下膈，偏属三焦。其支者，从膻中上出缺盆，上项侠耳后，直上出耳上角，以屈下颊至颇。其支者，从耳后入耳中，至目锐眦。多气少血，亥时气血注此，受厥阴之交。（图2–14）

手少阳三焦经

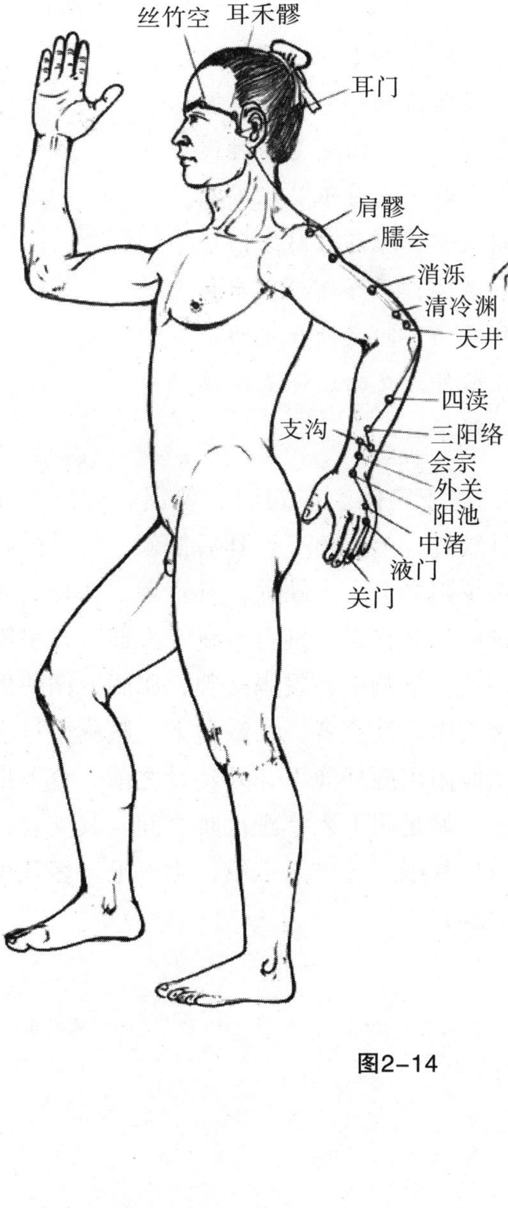
丝竹空
耳禾髎
耳门
肩髎
臑会
消泺
清冷渊
天井
四渎
支沟
三阳络
会宗
外关
阳池
中渚
液门
关门

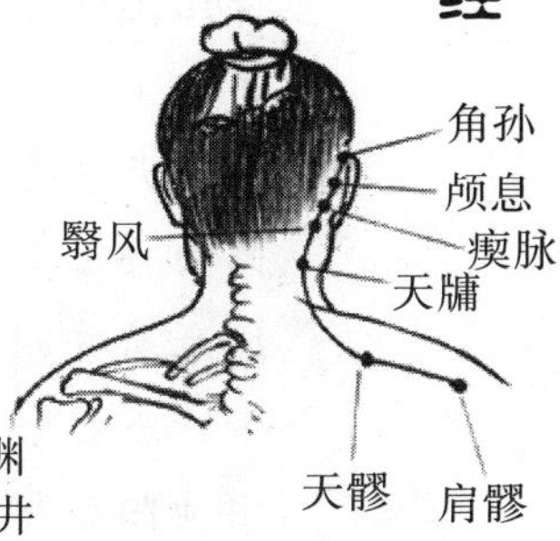
角孙
颅息
瘈脉
翳风
天牖
天髎
肩髎

图2-14

（十一）足少阳胆经穴歌

少阳足经瞳子髎，四十四穴行迢迢。
听会上关颔厌集，悬颅悬厘曲鬓翘。
率谷天冲浮白次，窍阴完骨本神邀。
阳白临泣目窗辟，正营承灵脑空摇。
风池肩井渊腋部，辄筋日月京门标。
带脉五枢维道续，居髎环跳风市招。
中渎阳关阳陵穴，阳交外丘光明消。
阳辅悬钟丘墟外，足临泣地五侠溪。
第四趾端窍阴毕。

此一经起于瞳子髎，终于窍阴。取窍阴、侠溪、临泣、丘墟、阳辅、阳陵。脉起目锐眦，上抵角下，耳后循颈，行手少阳之前，至肩上，却交出手少阳之会，入缺盆。其直者，从耳后入耳中，走耳前，至目锐眦后。其支者，别目锐眦下大迎，合手阳抵颈下，加颊车下颈合缺盆，下胸中，贯膈络脾，属胆，循胁里出气冲，绕毛际，横入髀厌中。其直者，从缺盆下，腋胸循过季胁下，合髀厌中，以下循髀阳出膝外廉下，外辅骨之前，直下抵绝骨之端，下出外踝之前，循足跗上入小趾次趾之间。其支者，别跗上入大趾，循歧骨内出其端，还贯入爪甲，出三毛。多气少血，子时气血注此。（图2–15）

足少阳胆经

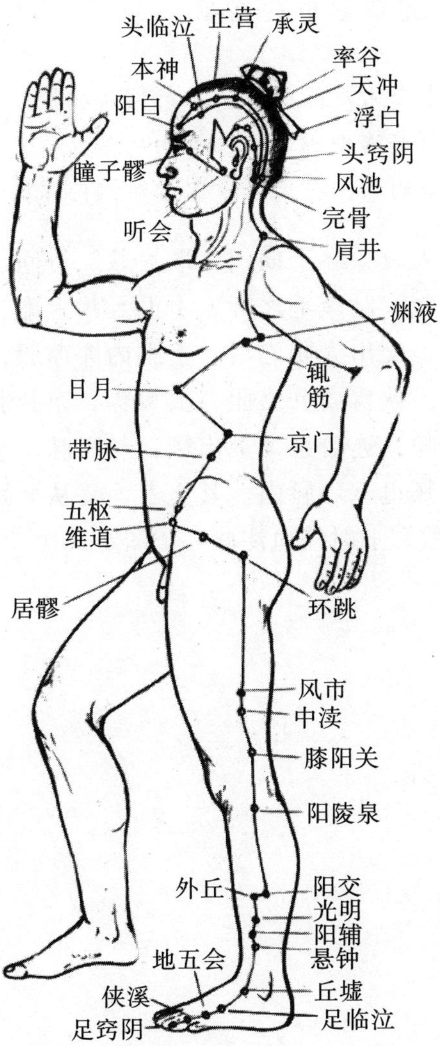
头临泣
正营
承灵
本神
率谷
天冲
阳白
浮白
头窍阴
瞳子髎
风池
完骨
听会
肩井
渊液
辄筋
日月
京门
带脉
五枢
维道
居髎
环跳
风市
中渎
膝阳关
阳陵泉
外丘
阳交
光明
阳辅
悬钟
地五会
侠溪
丘墟
足窍阴
足临泣

图2-15

（十二）足厥阴肝经穴歌

一十三穴足厥阴，大敦行间太冲侵。
中封蠡沟中都近，膝关曲泉阴包临。
五里阴廉阳矢穴，章门常对期门深。

此经起于大敦，终于期门。取大敦、行间、太冲、中封、曲泉。脉起大趾聚毛之际，上循足跗上廉，去内踝一寸，上踝八寸，交出太阴之后，上腘内廉循股，入阴中环阴器，抵小腹。侠胃属肝络胆，上贯膈，布胁肋，循咽喉之后，上入项嗓，连目系，上出额，与督脉会于巅。其直者，从目系下颊里，环唇内。其支者，复从肝别贯膈，上注肺。多血少气，丑时气血注此。（图2-16）

足厥阴肝经

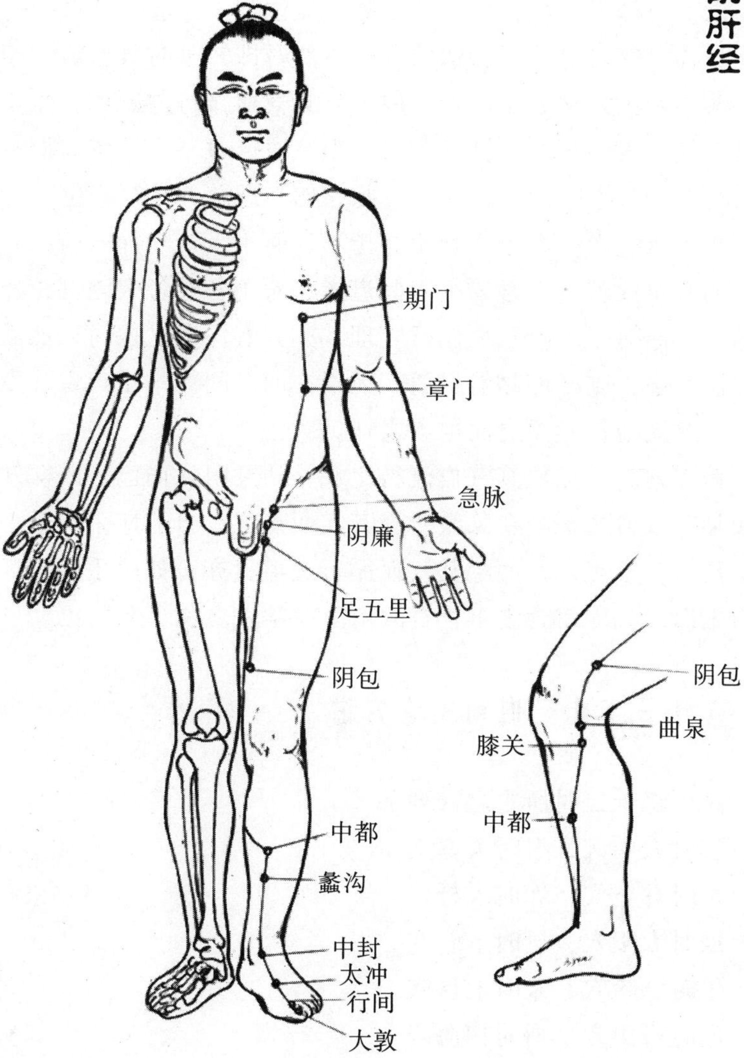

图2-16

练习点穴之人，于气血经行之途径，及按时流注之处，则可参合各说，互相印证。

以上所举者，虽仅十二时之气血流注与十二经之所属，不及于全身各穴气血之流注，似感不全，然吾即知某时气血流注于某经，某经之主穴又属于何处。但一究其气血循行之顺逆，则不及某时，气血未至某经；已过某时，则气血已过某经。依时辰相距之久暂，不难推想而知其所在。此亦如为远游者计行程也。

学习点穴者，若单凭歌诀之指示，而不下苦功探讨研求，是必不能有所成就，故吾谓练习此道者，对于各经各穴之部位，固宜稔知。而对于周身气血循行之理，亦宜有深奥之探讨，然后合并而揣摩之，则必能豁然贯通，无论在何时间，举手点穴，发无不中，此无他，心领之而神会之耳。

盖点穴者，点住其气血流行之头，使之阻塞而已。既深知之（如某时气血之头当在某穴，就其穴而点之，自能应手奏效），更运其指功以点穴，而绝其气血循行之道，亦正如举手闭门，以阻人之出入，固易为之事，吾故谓全在学者之探求领悟也。

（十三）十二时所主之穴道

兹更将十二时所主之穴列下。

子时人中穴，丑时天庭穴。

寅时乔空穴，卯时大杼穴。

辰时太阳穴，巳时上仓穴。

午时脉腕穴，未时七坎穴。

申时丹田穴，酉时白海穴。

戌时下阴穴，亥时涌泉穴。（图2–17）

十二时辰所主穴道图

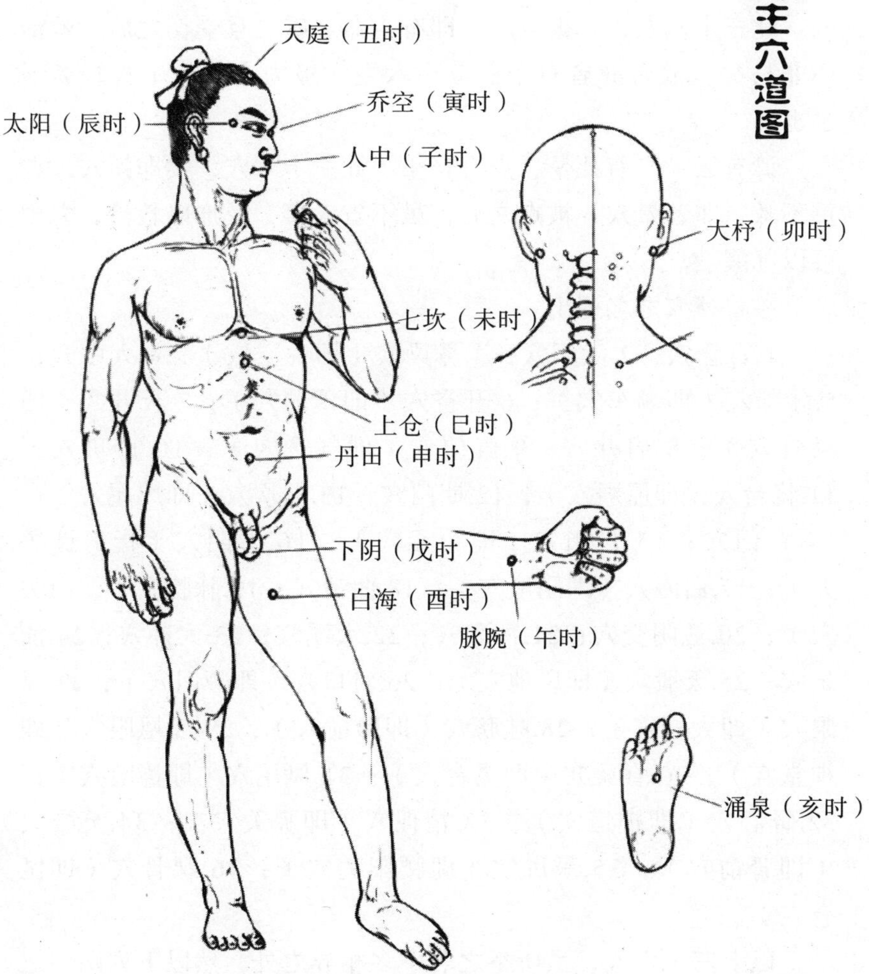

图2-17

二、点穴法中之三十六主穴

人身穴道，虽应周天之数，然在点穴法中，主穴凡三十有六。此三十六穴，一被点打，即有生命之虞，且受伤之后，救治亦非易矣。故善此者对于兹三十六主穴极力避免，不肯轻易下手也。

谚有云：穴有死晕，点有轻重。此三十六穴，实即死穴，点重不救。非若晕穴，被点之后，虽不省人事，及加以救治，立刻可以苏醒。

兹将死穴之名列出。

1.百会穴；2.太阳穴；3.鼻梁穴（即乔空穴）；4.人中穴；5.牙腮穴（即颊车穴）；6.开空穴（即禾髎穴）；7.天井穴（即巨骨穴）；8.肩井穴；9.气门穴（即气舍穴）；10.璇玑穴；11.将台穴（即屋翳穴）；12.期门穴；13.七坎穴（即鸠尾穴）；14.章门穴；15.丹田穴（即关元穴）；16.下阴穴（指男性睾丸）；17.白海穴（即阴廉穴）；18.曲池穴；19.脉腕穴（即内关穴）；20.三阴交穴；21.冲阳穴；22.太溪穴；23.太冲穴；24.涌泉穴；25.天股穴（即风池穴）；26.对口穴（即哑门穴）；27.凤眼穴（即大杼穴）；28.挂膀穴（即肺俞穴）；29.凤凰眼穴（即神堂穴）；30.脊梁穴（即灵台穴）；31.凤尾穴（即譩譆穴）；32.脊心穴（即神道穴）；33.精促穴（即膈关穴）；34.笑腰穴（即肾俞穴）；35.敲尻穴（即腰阳关穴）；36.踝骨穴（即昆仑穴）。

以上三十六穴，虽所举之名中多相异之处，然以下列图中之部位，与十二经所属穴道图两相印证，即可知其原名矣。

三十六大穴正面图

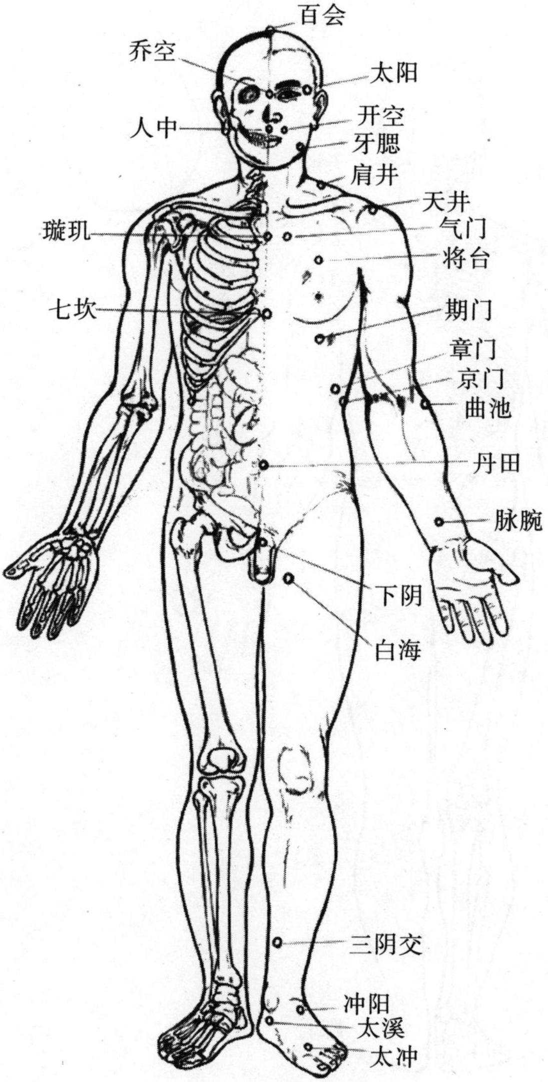

图2-18

三十六大穴背面图

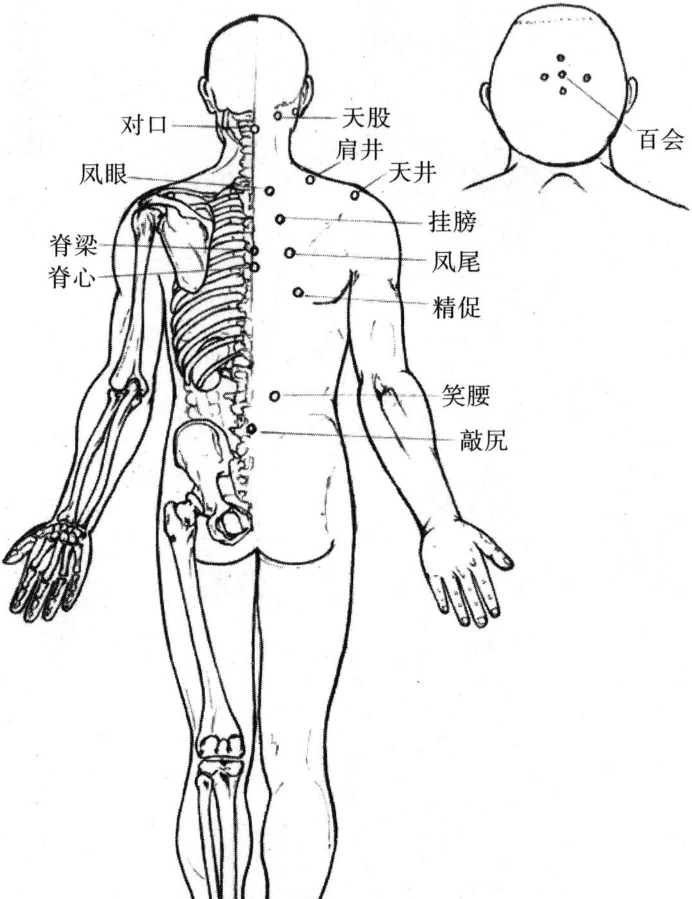

图2-19

三十六大穴侧面图

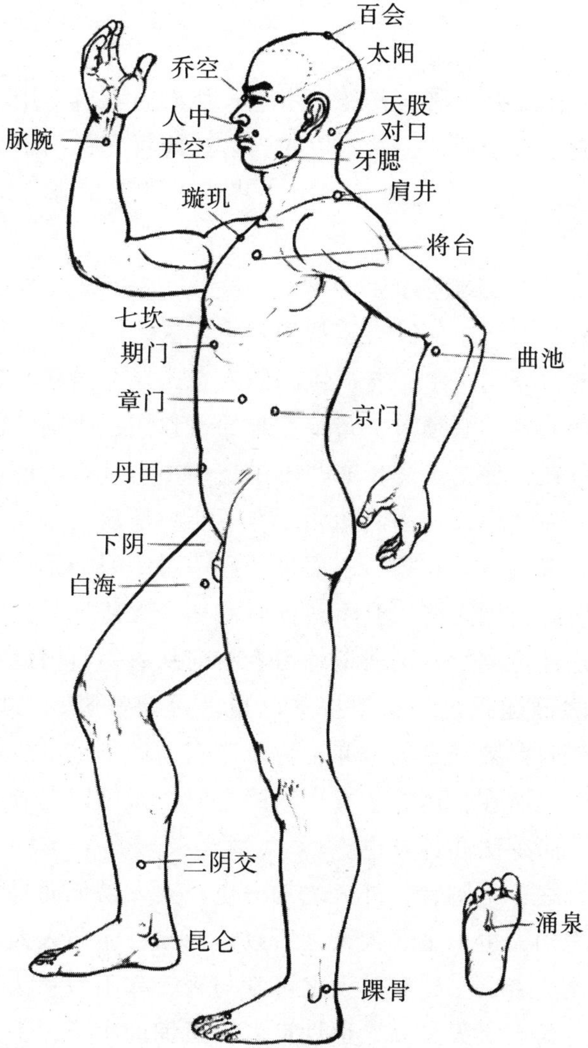

图2-20

第五节　点穴之练习

夫点穴而欲制人者，伤德之事也；然有时不得不用，如遇强敌当前，欲制吾于死地，若不以相当之法应付之，则不啻自残其生，自甘寂灭，夫如此则为正用。若恃以欺弱暴寡，殊去本旨远矣。

盖点穴者，以救人治病为第一要者。如吾被人所伤，知其所伤何穴，是穴属于何经，当从何穴施手法，或投以何种药物，而使之痊愈，斯是正宗；若从恃以制人者，斯左道耳。然无论关于制人或拯人者，必须有一番练习，始可致用；否则，但知穴之名，穴之所在，伸指点之，亦非不中，而不得其效者何也？是亦如孺子见鼎而知鼎，见渊而知渊，唯不能举是鼎，而渡是渊也。

故点穴者既宜具有德行，而又须经一番练习，始可与言也；否则徒知穴脉，固无济于其事，徒有武功，无所施其技，左右掣肘，毫无是处也矣。然则所谓练习者将何从入手？曰此等功夫，非如寻常之溜腿踢足、奋拳挥掌已也。寻常拳脚，乃戾气之所钟，行之于叫嚣隳突之场，亦足称雄座右，然不足恃也。点穴之法，乃知气之所在，运之于安闲镇静之时，谈笑以退顽强。故其不同如此，而练法亦各异也。

总而言之，拳脚者，外表之功夫也，人人易见而易学；点穴者，内实之功夫也，虽非人人之所以得而知，实非人人之所能习也。且习此法者，必先究其人之可学与否，亦不似拳法之徒恃动作为能事。其人之天分高、悟性良者，虽恂恂小子，手不足以缚雏者，学此亦无不成；其人之资质钝、不易化者，虽纠纠勇夫，力足以举鼎者，学此亦必无就。故此点穴之法非尽人所能学，而古今来精于此道者，不闻有几人焉。

今且将练习各法分别录下，以供博采焉。

一、练习点穴之第一层功夫

（一）认穴

点穴之法，其主要处完全在于穴道。知穴之所在，依其定时，举手点之，始克有效；否则如盲人瞎马，决难望其有成。故在着手之初最重要之关键，厥唯认穴。

将全身各穴认之遍及，非但能口言其处，并能瞑目抚之，百不爽一，则功斯成矣。

其练习之法，先就一经之统属各穴起（如先将手太阴肺经各穴起练）。先记其一经之穴名，次忆其穴道之部位，再用一木人，身绘一经穴之所在，志以暗记，先视而点之。渐熟之后，则睨而点之。最后如能在黑暗中点之，无一或失，则一经成矣。

然后，更以别一经所属之各穴，如法演习之。由一而二，依次递加，而至于十二经（督任冲带阴阳跷维）所属之各穴，完全遍及。

然后，更将各穴合并而行之，百无一失，则认穴之功成矣。

夫穴者所占之地位极小，不可丝毫差池者也。故认穴一道，在寻常人视之，以为非极难之事；然就实在言之，要亦非极易之事也。因一穴之所在，其所占之处，周不及二三分，且连属处其他穴道亦不少，最近者相距只二三分处。万一疏忽，误此为彼，或误彼为此，在制人者，固不足以应手奏功；而医人者，适足因此贻祸。

故点穴一法，无论欲制人，欲治人，于认穴一道，切不可不慎。认穴能真，虽危急之症，亦可应手而愈；认穴不切，则误人亦等于砒鸩。学技之人，点穴之法，固不容不知，且不容不深知，非为他也。

认穴一步功夫能真切无误后，以下更进而求他，着手固较易，收效亦较速矣。

然此一步功夫，非一年不可。

（二）寻径

所谓点穴者，其所点之处，须在主穴，而非空穴（按：空穴即气血未至，及气血已过之穴道）。若点空穴，则指头上虽有功夫，亦绝不能应手奏效。欲其奏效，则唯有点在气血头上，则如照海寻珠，万无一失。

唯气血头之所至，有一定之时刻；气血之经行，有一定之路程。十二时辰，合于十二经，而十二经所属之穴，亦应十二时辰。故点穴者，除知穴道所在之处外，犹须知人身气血流行之途径，与夫何时辰气血头当达何穴，何时辰气血头当过某处，不稍错误。然后依时辰之变化而点于应点之穴，则气血之头被遏，前行不得，后又壅塞，足以使其人闭气受制。

时辰一说，亦不能固定，经诀所指，不过择其主要穴道而言，其余小穴固不详载，是则在学者之用心体会。不妨以周天定时之数参酌之，因周天之百六度，而人身之穴道亦称是，依是理而推求之，必有所得。如某时气血之头，应在某穴，今未及某一时刻，或已过某一时刻，则气血头之所在，不难推求而得。

唯有一事，必须详加研求，即气血之循行，究竟向上逆行，或向下顺行，或向旁横行，兹数者，势必知其详细，始可得心应手，否则误其前后左右亦不足奏功也。此于血液循行，固不可不知，而十二经所应时辰，亦须深明也。

吾所谓寻径者，即寻气血流行之途径也。在表面观之，此一事似较认穴为简，其实较认穴为难。唯二事须并行不悖，可收互相为用之功，而致其术于实用。

寻径一事，无他法可以练习，唯有熟读歌诀，而深究其循环之理，使周天定时之说与穴道相合，然后审时而行之，无不中矣。

（三）考问

练习点穴者，对于认穴、寻径二事，自审有相当之辨识后，尤须加以考问，以免舛误。

其法最好与精于此道之人日夕相处，在闲暇之时，请其举一穴名，询其穴之何在；或指一地位，询其地之为何穴。先以各主要穴道相盘诘，次及于各小穴暨经外奇穴等，不依规矩，间杂相问，能对答无误后，则进一步盘诘各穴所属之经络，内应脏腑之何部。再进一步，则问气血循行之途径，并及于何时何刻当点何穴，则可伤人之何经何络，内引何脏，被点者当有何种现象，救

治当用何种手法，或何种药物。如此逐日盘诘，可收事半功倍之益。（图2–21）

图2–21

盘诘一法，正如良师之提一二句古书询学生以出处，非熟读谨记者，绝不能对答如流，丝毫无误。且一经单提盘诘之后更不易遗忘，学点穴法正与读书无异。

唯盘诘之人，对于点穴一道，亦须有极深之经验，始克胜任。若门外汉则虽能举穴名相问，至答之是否准确无从而知，所答不误，固无若何之关系；若所答非是，即无从加以校正，以讹传讹，适足以贻误学者之功业。

在盘诘之时，对于死穴及难穴尤宜格外注意。死穴为一经点打即无法救治之穴。难穴则为隐藏不显、不易点打之穴，如在两骨节相合处中间，及肌肉厚实处各穴。

因点死穴，害人生命，固为损德之事；若点难穴，功夫不深，或用劲不足，手指虽达于是穴，亦未必能使气血之头立时被阻，应手以制人，故须格外留意。熟习之后，死穴既不致滥点，遇着难穴，下手使劲亦有一定之分寸，不致失效。

以上三事，皆为点穴之初步功夫，纯熟后更进练第二层。

二、练习点穴之第二层功夫

（一）指功

点穴之术，贵以一指之力克敌制胜，非若拳脚之踢打。然一指之力，亦至有限，触于硬质之物，且虞自伤，欲求制人，谈何容易，非具有极深之锻炼，决难如愿。故学点穴者，对于第一层功夫篇中所嘱三事能体会入微之后，最要者厥唯练习指劲。

唯练习指劲之法种种不一，或循序渐进，或并行不悖，或就此种种之中，任择一种练之，皆无不可。

兹且分述之，以资采择焉。

1. 在入手之初，不论欲练何种，以指顶之皮肉未曾坚实，必须在较软之物上练习之。若入手即在硬物上练，易于伤指，最好在杉木板上练习。

练时或并中、食二指，或单用一指，以指点之。（图2-22～图2-25）

图2-22

图2-23

图2-24

图2-25

初时尽可从轻，入后逐渐加重，与日俱进，以至于极重。大约经二三月，指顶已不似未练时之脆弱，则可舍杉木板而他图矣。

2. 指顶既渐坚实，则可练习点石，并中、食二指，或单用一指，向平滑坚硬之石上，依前法点之。（图2–26、图2–27）

图2–26

图2–27

亦由轻而重，初时必略感痛苦，入后渐不觉，然后更换粗糙而有芒角之坚石，依法练习之，三年之后，必可有成。

3. 或不练点石，而练插沙。先用石船一只，中实散沙，厚约三寸，以二指或一指点插之。（图2–28、图2–29）

图2–28

图2–29

沙质本松，固无困苦，勤习一年；然后倾去散沙，换入铁珠，更如法指插一年；则倾去铁珠，而易以铁屑。

以铁屑一物，其形状固不若铁珠之划一，且多棱角锋利之处，故上手时必受痛苦，或竟略伤皮肉；然以药水洗之，可以无患。在铁屑中练习一年之后，其指可以透铁，遑论乎人之肉体。此功较点石功效宏，练者所受痛苦亦不可同日而语也。

4. 此外亦有人以顶劲练习其指者，其功则与上述二种完全不同，专运一臂之全力，贯注于二指或一指之上。而即以其指顶按于一坚硬之物上，向下按捺，至力尽而略休。（图2–30、图2–31）

图2–30

图2–31

每日勤行，功亦上下于点石。唯在入手之初，亦以杉木板为宜；入后由木板而坚树，而坚石，下三年苦功，亦可望其有成矣。

唯此功略缓，因点石、插沙等功，其重在点，指顶一着穴道，即可收效；此则重抵按，手指着穴，非使劲抵之，不可奏功也。

5. 以上所述，皆利用指顶、点、凿、抵、按之力以制人，此外又有以指之抓劲制人者。功虽略异，收效固相同也。

抓劲大概合拇、中、食三指并用之，唯三指之中，必以一指为之主，即按于穴道之指也，其余二指，特相辅以行耳。

练法亦有数种，略述之。

以一青石，制成圆锥形，上锐下丰，略如荸荠状，其锐端之周围，大约较掌面小一围。练者乃将拇、中、食三指顶端之一节弯转，作鹰爪攫物状，然后握石锥之锐端，尽三指之力，紧紧扣之。（图2-32 ~ 图2-34）

图2-32

图2-33

图2-34

力乏稍休，以舒指节。每日勤行，日数百度，三年之后，其指触石，可成粉屑，若被拿住穴道，必无幸免。

练习此功，亦不必定石锥，始可奏效，凡质地坚硬，形似石锥之物，亦皆可应用。最简单则用小口酒坛一具，以厚铁箍环其颈，坛中灌沙或铁屑，依法练习之，功效亦同，是在学者之自择矣。（图2–35～图2–37）

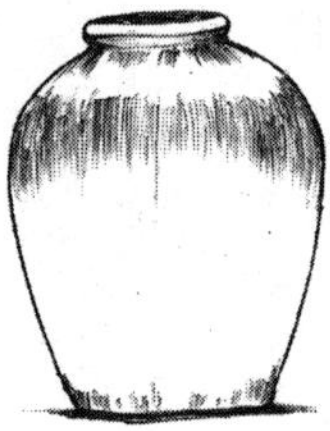

图2–35

图2–36

图2–37

6. 更有一种功夫，既可用于抵按，亦可用于抓攫。

其法将全身俯卧地上，以两手各出三指（拇、中、食）顶按地面，后面以足尖点地，然后将全身抬起，除手指、足尖外，其余完全离地，相距地面约三四寸。至力乏时则徐徐降下，伏地略事休息，然后更行。（图2-38、图2-39）

图2-38

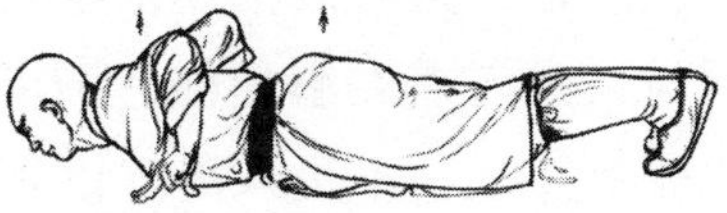

图2-39

如此行数百度，非但指顶之劲充足异常，即两臂、两足尖之力，亦可增长不少。三四年后，用以点人，无不如愿矣。

以上所述之数种，练成虽足致用，然犹是外层功夫，非指着于穴道，绝难奏效。而练习已非易事，若欲求手指不着人身，凭空指点，而能奏效之内层功夫，是则难而又难者矣。

学者在练习之时，所练者如点石、插沙之功，最易伤及皮肉，即别种功夫，有时亦容易或无意受伤，则宜用药水洗之。如能在行功之先浸洗一次，防患未然，是则更佳。

其方用：生半夏、羌活、生南星、青皮、辣椒各一两，川乌、象皮、乳香、鹿含草、五加皮、紫草、当归各一两五钱，大附子二个，黄蜂窝二个，川椒一两，鹰爪一对，青盐四两，老醋五斤。

同煎去渣，冷时以手浸入，俟觉中如蚁咬，即起出拭干，然后行功，可保无虞。

（二）点打

指劲练成之后，则可进一步练习点打，是乃参合认穴、寻径等各法而行之者。

用巨木一株，制成人形，高低大小，无异真人，头面手足，亦须悉备。然后以朱墨依各穴所在处点而志之，其朱点之大小，须与人身穴道大小相称，不可相差。其主要穴道，则用黄色或其他颜色点之，不用朱墨，以别于寻常穴道。

布置周妥之后，练者面对木人而立，相距尺许。自己默数一穴，或请人随意举一穴名呼之，即运功劲于两指或一指之顶，依所说之穴点之。一点之后，又须自审所点之穴有无错误，然后再举别一穴点之。初时必感生涩、仓促或多错误，或发手不能中于穴中，但每日勤行，日行数百度，久而渐熟，此病立除。（图2–40）

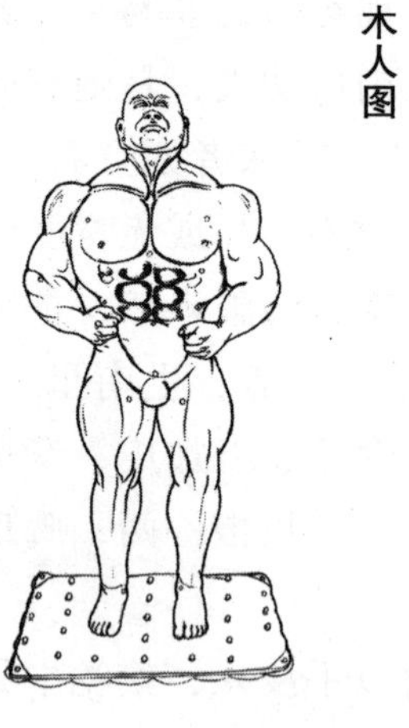

图2–40

点打木人三十六穴位图谱。（图2-41～图2-76）

点百会穴

图2-41

点太阳穴

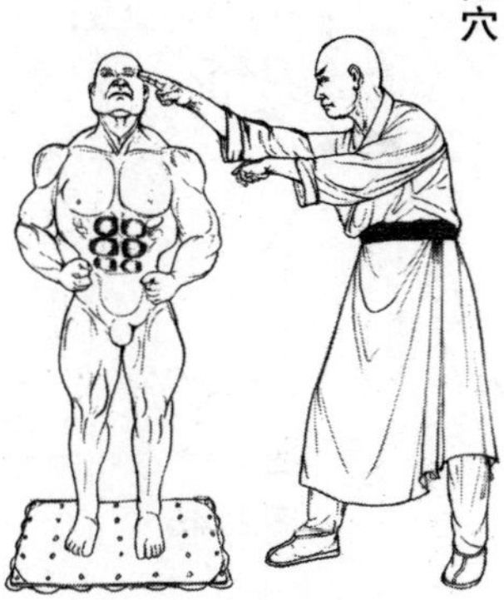

图2-42

点鼻梁穴

图2-43

点人中穴

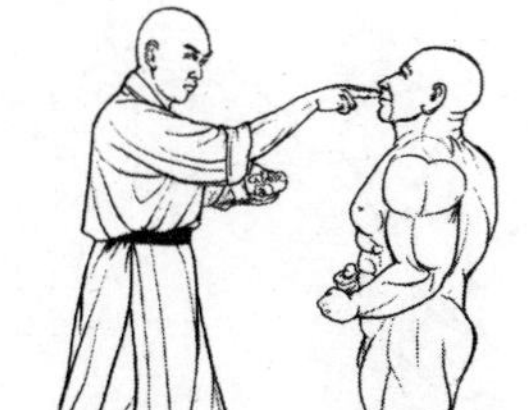

图2-44

点牙腮穴

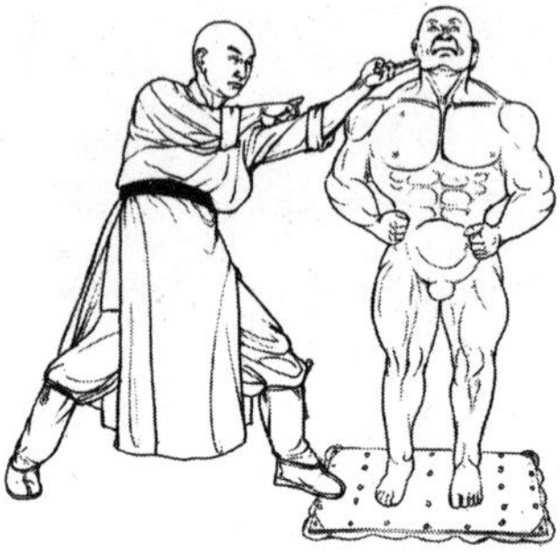

图2-45

点开空穴

图2-46

点天井穴

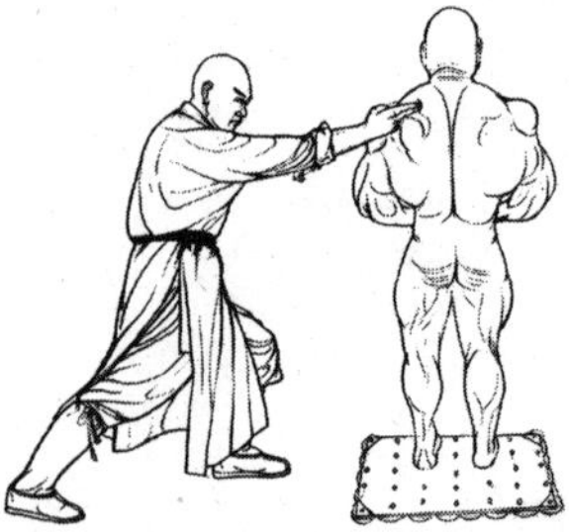

图2-47

点肩井穴

图2-48

点气门穴

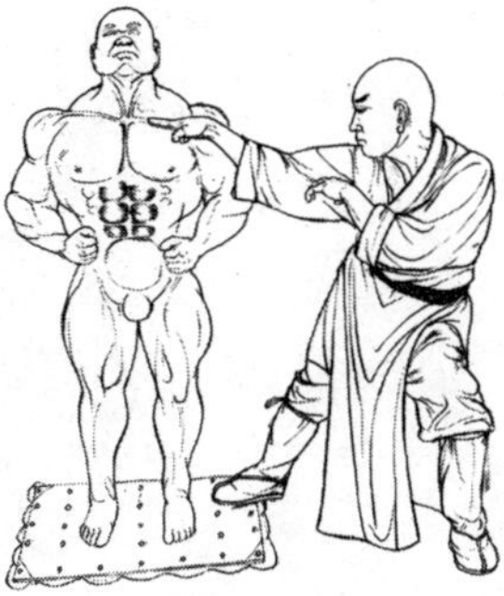

图2-49

点璇玑穴

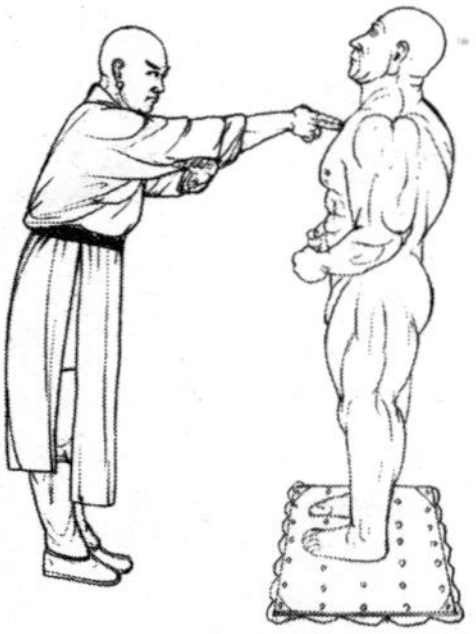

图2-50

点将台穴

图2-51

点期门穴

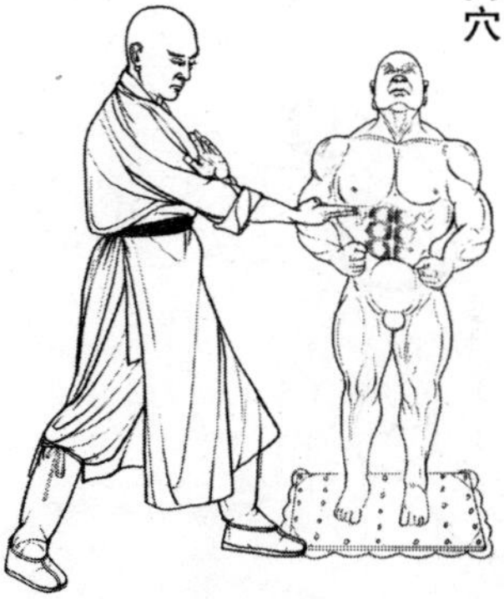

图2-52

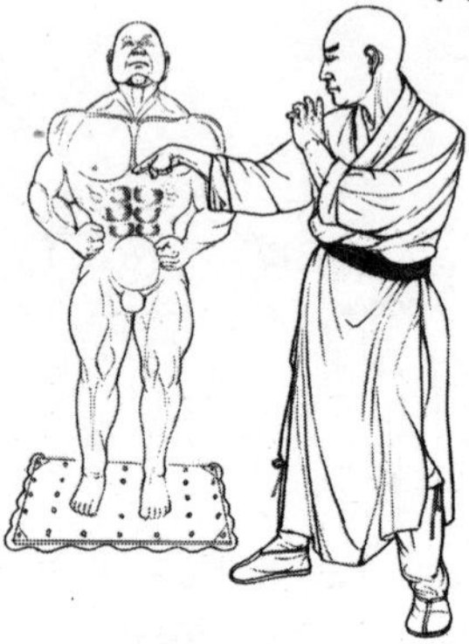

图2-53

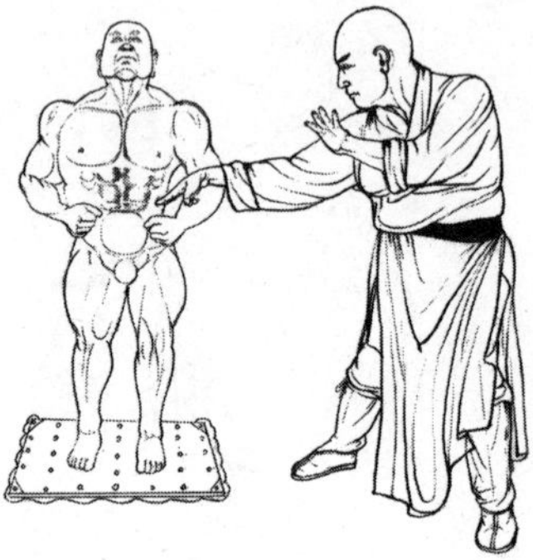

图2-54

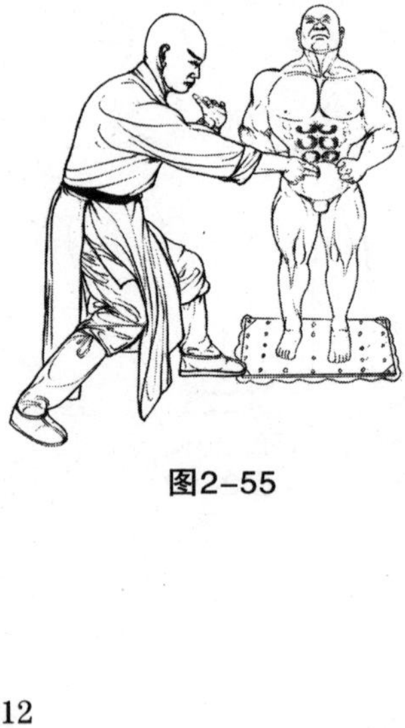

图2-55

图2-56

图2-57

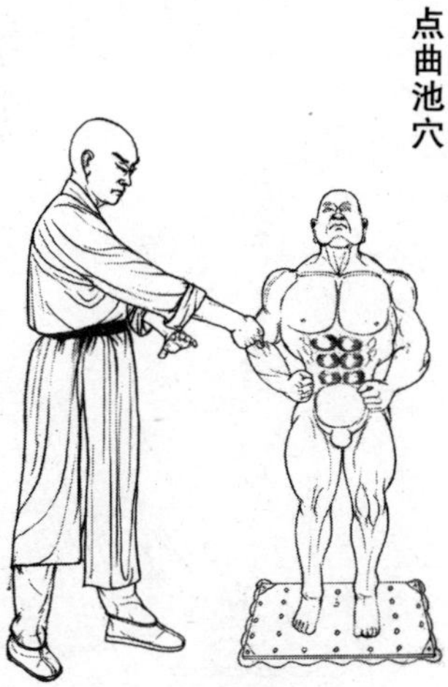

图2-58

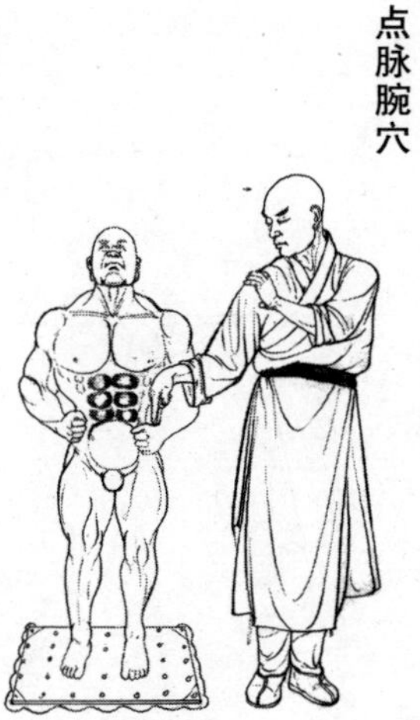

图2-59

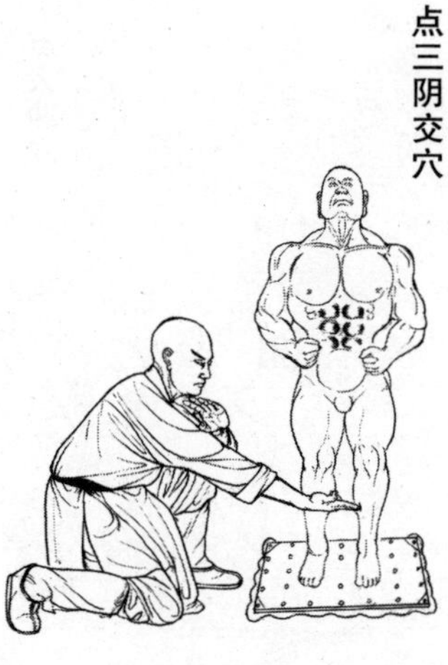

图2-60

点冲阳穴

图2-61

点太溪穴

图2-62

点太冲穴

图2-63

点乳根穴

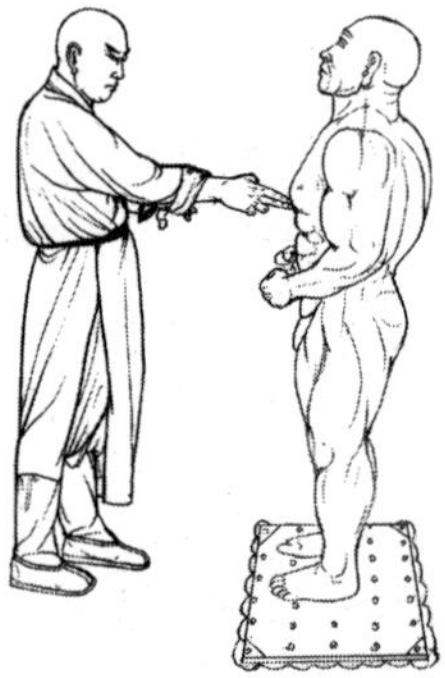

图2-64

点天股穴

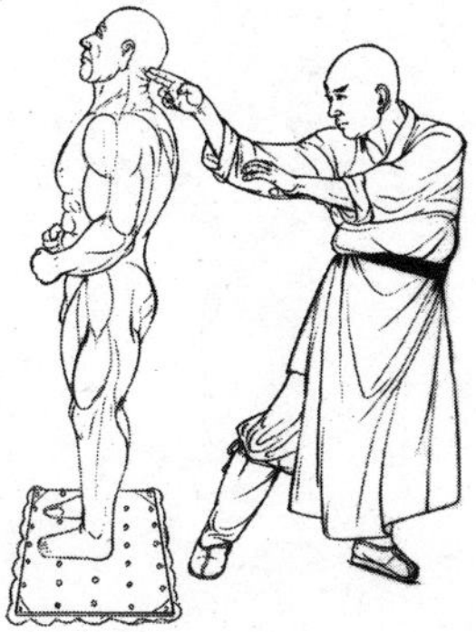

图2-65

点对口穴

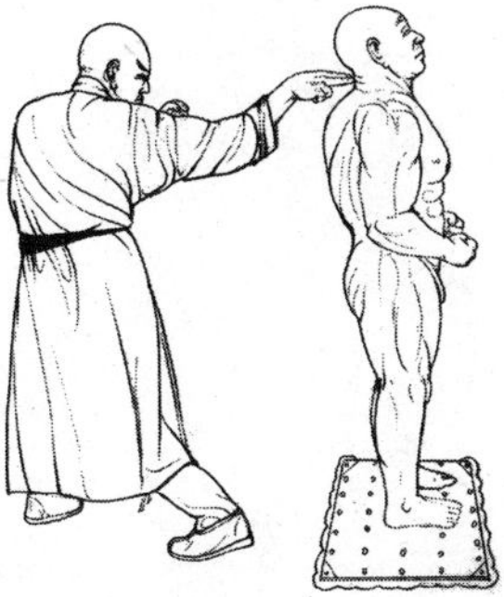

图2-66

点凤眼穴

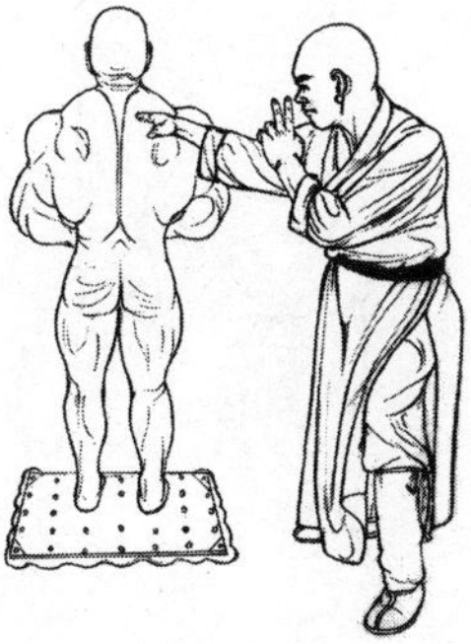

图2-67

点挂膀穴

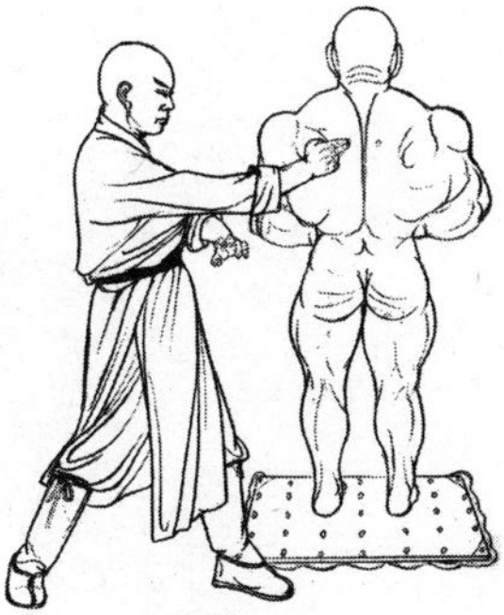

图2-68

点神堂穴

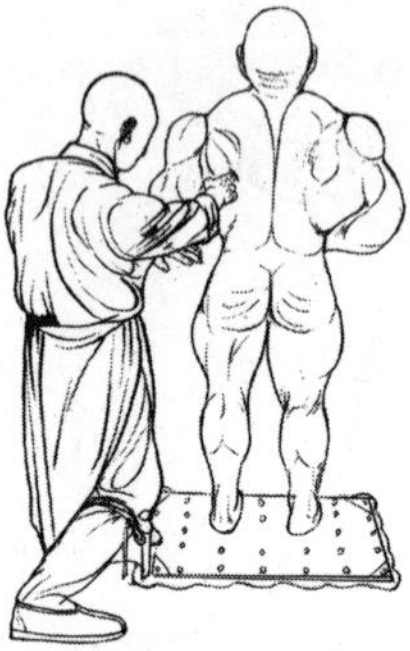

图2-69

点脊梁穴

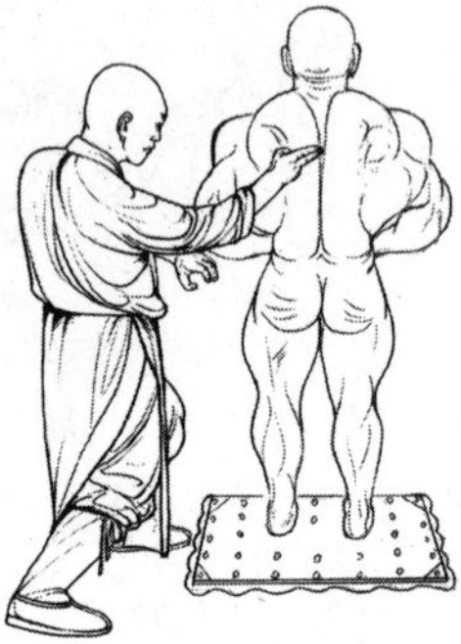

图2-70

点凤尾穴

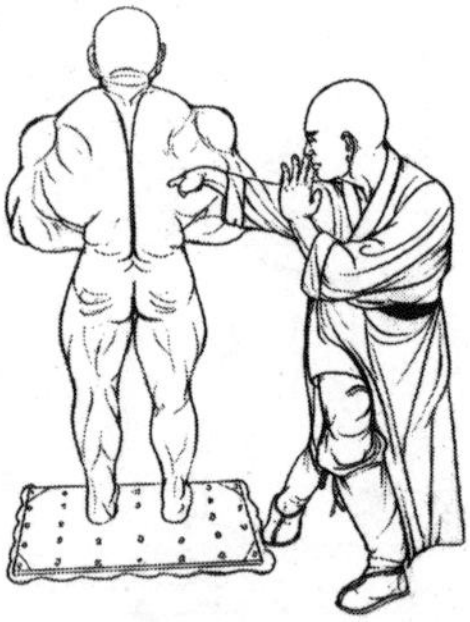

图2-71

点脊心穴

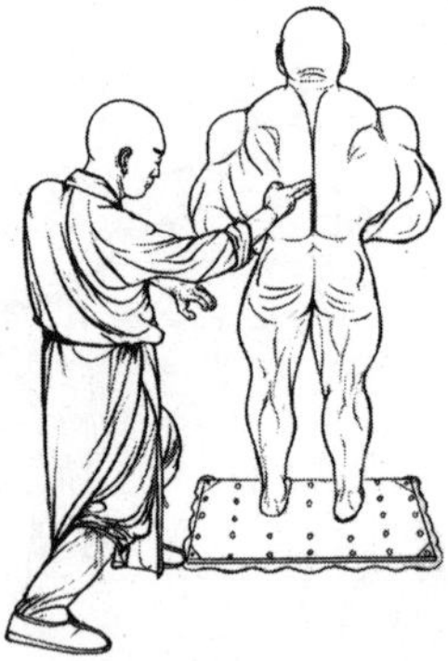

图2-72

点京门穴

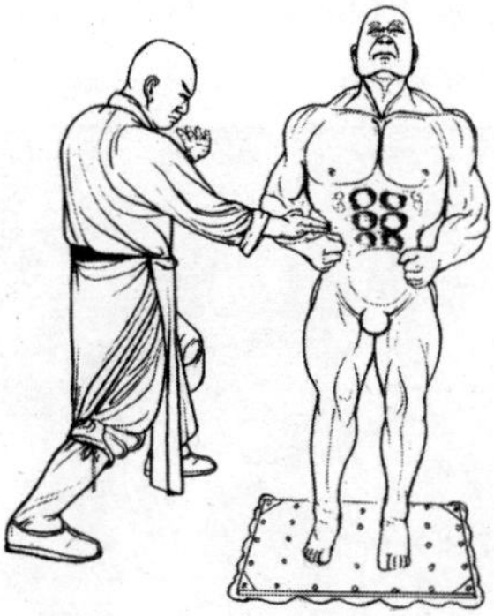

图2-73

点笑腰穴

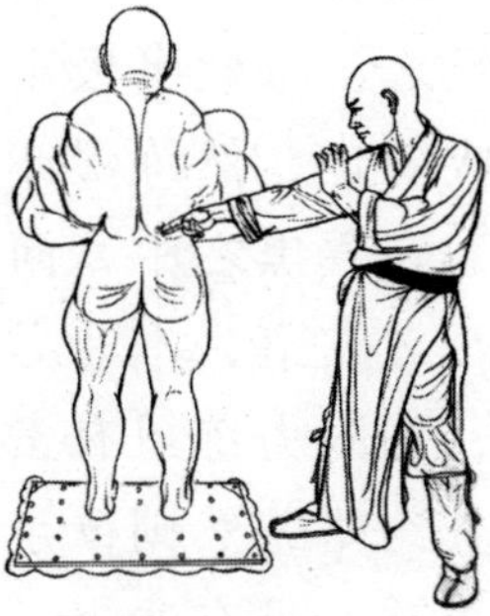

图2-74

点敲尻穴

图2-75

点踝骨穴

图2-76

此一步功夫，完全在日间光明处练习，用两目之视力，以辅其手指者。练至百无一失时，虽可用以临敌，但犹非上乘功夫，须呆板迟滞以取人，不能随指点以取人也。

欲求进步，须练眼力，眼力即足，然后依前法于夜间昏黑中行之。唯此事极难，非旦夕所能收效也，然练习亦有一定之诀窍。在昏黑之中，向木人而立，些小之穴道，本非寻常目力所能辨，即眼力练习有素者，亦仅能志其约略，然则欲点打无误，讵可得乎？是有法也。举手之时，先目审手之高下，在己身之何部，指尖所向，当在何穴，默忖之后，始发指点之。（图2-77）

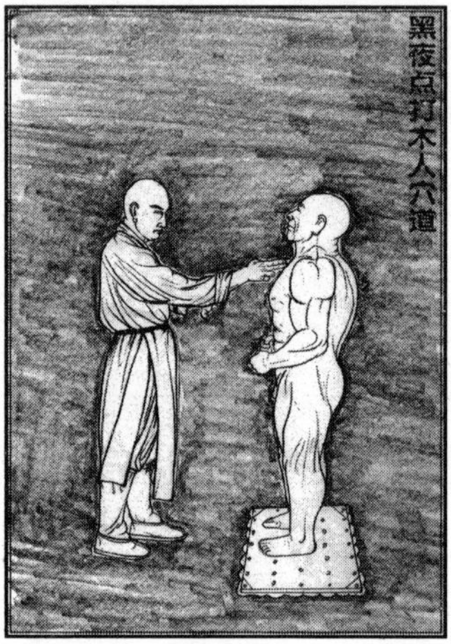

图2-77

另用石灰贮器中，先蘸灰于指而后点，每点十穴，燃火验其有无错误。勤行之，一年必能成功。

更有一法，先于灯火下练之，然后逐渐减其光焰，以至于完全熄灭，而后已。其法取乎渐进，便于学习，唯费时稍久耳。

学点穴者，对于此一步功夫练习纯熟，以至百发百中，所中能不偏不倚，用以临敌，自能轻灵活泼，任意指点，无不命中。非但一二人所不能困，即在众围之中，亦可使敌人于转瞬间失其抵抗能力，诚惊人之绝技也。

唯点打之手法，亦须依穴道而分别其用力之轻重，不可一律使劲也。如点主要各穴，敌人有生命出入者，则使劲之时宜乎略轻，盖轻即足以制人，若稍重立足致死，举手杀人，虽曰自卫，究竟亦伤阴德也。若点难穴，必用足功劲，盖如骨骱之间、肉厚之处，用力犹恐不能达其目的，若不用力，则完全无效矣。故学习时，木人之主穴、难穴，宜以他色别之，则学者可以一目了然，发指时先定用力之轻重也。

（三）眼力

眼力一事，在武术上极为重要，无论拳脚器械，皆以眼为主，初不仅点穴之功为然也。唯眼力在武术上，但能转动灵活，已尽能事，是尚易为，而在点穴术上，则不仅如此，务须力求其锐利，最好能于暗中辨察豪芒，是则非下苦功练习，不能臻此境地也。

练习之法，可分两步：

1. 在入手之初，宜于每日夜间熄灯静坐，瞑目定心，默思室中各物之位置，某物在某处，某处有某物。沉思片时，然后启目视之，初虽不可得见，越时稍久，自能隐约见之，以至于完全看见而后已。（图2–78、图2–79）

图2–78

图2–79

若用绿纸糊灯置室中，坐而视之，依次减灭其光焰，以至熄灭而能辨物，亦无不可。此则先用湖色纸为灯罩，中燃油灯；越若干时后，将纸色加深少许，灯焰减小少许；纸色淡湖至黑色，灯焰由枣核大减至于无。唯此渐进之法，须时稍久，学习却较为便利也。

此第一步功夫为外层，练成之后，虽能在黑暗中见物；唯过小之物非所能视，须更进一步练习内层不可。

2. 于每日天色朦明、红日将出之际，步至旷野，山上尤佳，面东而立，以待日出。俟旭日自地面透出时，即屏息闭气，静心凝神，怒目定睛以视日，一炊时许，自觉眶中有热气一缕上透，宜即紧闭双目。（图2-80、图2-81）

图2-80

图2-81

先运睛珠向左右瞬烁，如织女投梭，左右各七十二度。然后，更运睛珠自左泛上，转右达下，亦行七十二度。次自右泛上，转左达下，亦七十二度。

行毕，稍休。然后开眼再行视日。视后再瞬，瞬视各三十六次而功毕。如能勤行，三年之后，虽在黑暗之处，亦可以明察秋毫。有此眼力，以言点穴，则手眼相应，即暗中点人，亦发无不中矣。

三、救治述要

学习武事者，能伤人，必能救人，否则即为死手。

寻常武术，固已如是，而点穴一法，实为尤甚。因寻常武术，出手伤人，不中要害，尚不致有生命之虞，即自己不能治，犹可借重于伤科，而点穴则不能也。世之为伤科者，未必能知点穴之理，不知其理，即无所用其手法，而此等损伤，又非药石所能奏效，故必自我点之，自我治之。

救治之法，初亦非难。盖点穴之理，即以阻滞气血，使不能流动，而致全身受其牵制；若能开其门户，使气血复流行，则经脉即舒，其病自去。如某时点人，闭住某穴，则其气血必滞于其穴之后；之法当在其穴之前而启之，使所闭之穴感受震激，渐渐放开，则所阻滞之气血亦得缓缓通过其穴，以复其流行矣。

唯被点之时间过久，则气血必有一部凝结，而成为瘀。是则除用合宜之手法外，犹当借药物之力，以行其瘀；否则瘀滞于内，气血虽不完全受到阻遏，然流行亦绝不能畅，必且因此而成别种病症，甚且成为残废，是宜审慎为之。

鉴于篇幅，各要穴受伤之治方从略。